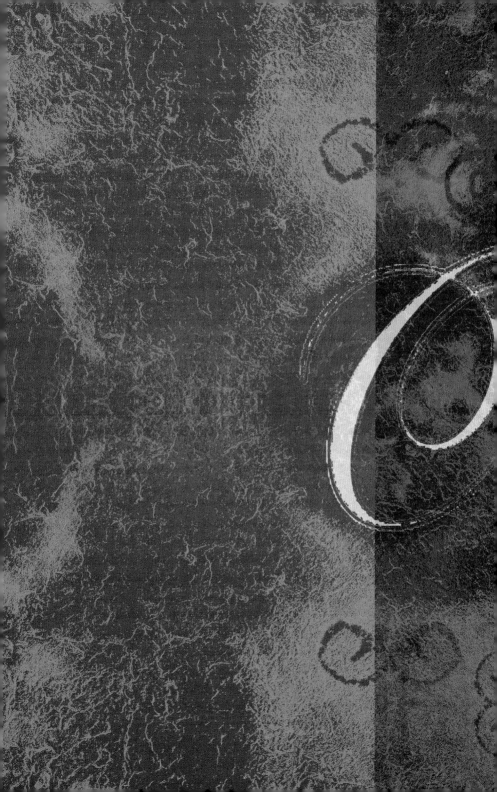

THE SHIFTS OF THE OIL MARKET

Insight into China in the World Economy

中国社会科学院创新工程学术出版资助项目

洞 察 中 国 与 世 界 经 济 新 格 局

石油之眼 冯煦明/著

理 解 一 个 行 业 , 并 通 过 它 来 洞 察 中 国 与 世 界 经 济

社会科学文献出版社
SOCIAL SCIENCES ACADEMIC PRESS (CHINA)

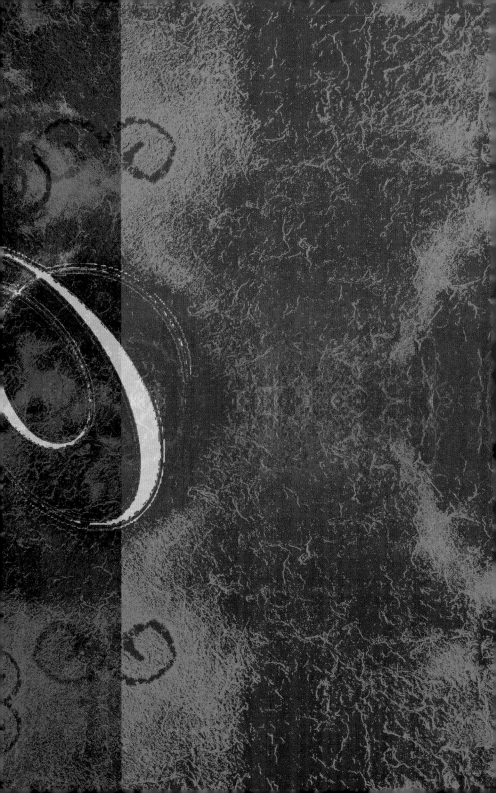

目　录

谁是"石油之国" / 石油消费国 / 陷入"资源诅咒"的石油之国 / 走出"资源诅咒"："迪拜模式"可以复制吗 / "石油王国"的改革宏愿 / 石油之国中的一个"普通青年" / 在这个国家，石油即货币 / 油价暴跌重创俄罗斯经济，中国救还是不救 / 新兴石油之国：格局重塑者 / 美国解除原油出口禁令意味着什么

OPEC 决定是"破罐破摔"还是"弃卒保车" / 油价下跌的潘多拉盒子：这次比 2008 年复杂 / 本轮油价下跌原因的分析及展望 / 石油价格回升趋势不可持续 / 巴黎恐怖袭击事件如何影响国际石油市场 / OPEC 不会调整石油供给策略 / 三大变化重塑世界石油市场格局 / 页岩油气革命改变国际石油市场微观结构 / 产能周期、页岩油气革命与国际石油价格走势 / 国际石油市场没有"供给侧改革" / 页岩油："挤出"后的复活

国际石油市场上越来越举足轻重的参与者 / "石油美元"诞生记 / "石油美元"对中国的启示 / 密切关注"石油美元"循环动态 / 国际油价变动如何影响通货膨胀 / 全球经济新格局呈现五个特点 / 理解大宗商品市场的"资源国 – 生产国 – 消费国"范式 / 一个严肃的建议：中国应寻求加入 OPEC

"石油峰值论"可信吗 / 人类是否需要担心石油资源枯竭 / 百年石油经济史最大的启示 / 中国与世界经济之未来：石油之眼

推荐序：中国视角的石油经济解读

任何梦想实现现代化的国家都必须过石油这一关，中国也不例外。

石油是现代经济不可或缺的基础性资源。同时，石油的生产地高度集中，使用地却极其分散，供给与需求在空间上的分布相去甚远。因而石油从一开始就被披上了地缘政治和国际经济金融的神秘色彩。上百年来，政治的、外交的、经济的、情报的各种各样关于石油的演绎在世界各地流传。

中国是世界上对石油需求量增长最快的国家，而且正在成为全球最大的石油进口国。认知石油市场、理解石油市场对于仍处在工业化进程中的中国而言，实在是太重要了。

我长期认为，中国在石油领域面对的问题远远严峻于粮食领域！政策界对粮食安全看得过重，而对石油安全的重要性却大大低估了。中国的政策制定者以及绝大部分学者对于粮食的安全问题高度重视，始终担心粮食供给短缺引发中国在国际政治格局中的危机。试想一下，假如海上运输通道被切断或遭遇石油供给封锁，短短几个月内，公路上数以亿计的汽车、天空中正常翱翔的飞机、江河海洋上巡航的轮船都会马上由于动力缺失而完全停摆，整个国家的交通会发生瘫痪。与此相关，军事运作、工业生产、服务业经营、人员流动都将受到极大影响，社会将陷入混乱。

相反，假如中国从现在开始无法进口一粒粮食，我相信，广东、福建、湖南等南方省份半年之内就可以迅速恢复耕地，重启粮食的生产，从而保障基本的粮食供给，中国经济不至于因此陷入瘫痪。之所以做上述对比假设，是想说明石油对中国经济的重要性远远超出大部分人的认识。

中国的政策制定者必须深刻理解石油的战略意义。而且，中国应当从自己的视角来解读和理解石油市场，绝不能仅仅将国外论述尤其是那些形形色色的经过演绎的故事作为决策依据。

另外，石油作为商品，其市场的运行中包含着太多的经济学因素，有微观经济学话题，如资源品定价理论、资源开采与利息率的关系；有宏观经济学课题，如资源禀赋与经济增长的关系、油价对通货膨胀的传导、全球经济再平衡；更有金融经济学课题，如"石油－美元循环"、金融和投机力量在资源品市场中的作用；等等。可以毫不夸张地讲，谁能把石油市场真正搞清楚，谁就真正读懂了当今经济、政治、国际关系等领域的一系列重大问题。

《石油之眼——洞察中国与世界经济新格局》是我的学生冯明数年来跟踪研究石油市场与世界经济的一本力作。这本书有以下三个特点。

首先，内容的覆盖面相当广泛。这本书从石油定价问题、石油生产国的经济问题、大宗产品市场价格周期问题、国际政治问题、石油资源的可持续利用问题等角度，给读者提供一个全方位的视角来理解石油市场和石油经济。尤其是书中对2014年下半年以来国际石油市场和世界经济形势的跟踪分析，非常及时，对未来的研判很有借鉴意义。

其次，全书基于坚实的学术研究，又不失通俗。作者以大量的学术研究为基础，客观地提供翔实的数据和资料，理性地进行分析，摆事实、讲逻辑。与大部分关于石油的书籍不同，本书中没有浮躁和炒作，没有耸人听闻的阴谋论，提供了冷静、客观的具体分析。这在与石油相关的普及性读物中是极其缺乏的。

最后，也是最重要的，这本书是站在一个中国学者的角度来理解石油和石油经济的。毋庸讳言，国外不乏长期关注和跟踪石油问题的学者、智库以及企业研究部门，但是，来自外国的研究无法替代中国视角的解读。这既由于外国人很难完全设身处地地站在中国的立场上思考问题、提出对策，也因为大多数外国学者对于中国经济的认识和理解常常有失片面或偏颇。

冯明博士是我在清华大学的博士生。他高中毕业以优异的成绩考入清华大学经济管理学院，读书期间扎实努力，是学生中的佼佼者。我发现他身上有一种我长期担心清华大学学生缺乏的气质，那就是视野广阔、勤于思考、善于写作。不少清华大学学生存在一个问题，他们数理功底很好，推理能力很强，说话很严谨，然而一旦要形成文字则往往不知如何下笔，写出来的文章过于枯燥干瘪或过于侧重数理，缺少基本的可读性。冯明在这方面给了我一个惊喜。

过去一年以来，他作为中国社会科学院财经战略研究院的研究员，一直在甘肃贫困地区乡镇下乡锻炼。在基层实践锻炼的过程中，他仍坚持勤奋地思考，不忘写作，最终完成了这本著作。书中内容也体现了他在甘肃驻村入户和参与修建公路过程中的观察和思考。如他所说，即便是西北腹地的一个小村庄也已经与国际石油市场和世界经济发生了千丝万缕的联系。可以想象，冯明现在对于石油市场和宏观经济的理解已经远不局限于书本理论和统计数据，而有丰富的实践经验和微观洞察作为基础，更加接地气，更加坚实可靠。

　　就像石油为现代经济提供了动力一样，在西部基层实践锻炼的经历也将为冯明博士个人作为青年学者走向成熟提供动力，为他今后的成长筑牢根基。我由衷地为他高兴。

　　我非常欣喜，中国的图书市场上终于出现了一本中国学者自己写的关于石油经济的系统性严肃读物。《石油之眼——洞察中国与世界经济新格局》的付梓是我们中国读者的福音，它引导我们从中国的视角来看待世界，理解国际石油市场上的诸多重大问题，同时又以石油市场反观中国与世界经济。我相信读者将从这本书中获得许多有益的启示和分析问题的方法。作者从中国视角出发所进行的分析和判断、提出的对策和主张，对于中国的政策制定者、石油公司和金融市场也是非常有针对性的。

李稻葵

清华大学苏世民书院院长

清华大学经济管理学院教授

推荐序：油价波动及影响的宏观分析框架

石油价格在经历了长达 5 年的牛市后从 2014 年 6 月开始下跌，短短几个月内由超过 100 美元/桶跌至 30 美元/桶之下，虽然在 2016 年反弹至 50 美元/桶左右的水平，但还是大幅低于之前的高位。油价和大宗商品价格的下跌成为近年来金融市场乃至全球经济中的一个大事件。冯明博士的这本书就是围绕这一大事件展开的。作为本书出版之前的第一批读者，同时也作为长期关注宏观经济和金融市场的研究者，我很乐意为冯博士的这本书作序。

作为一种关系全球几十亿人日常生活的重要商品，国际石油为什么会在短时间内经历如此大幅度的价格变动？近期的反弹是趋势性的反转还是短期的波动，油价波动对全球经济和金融市场有什么影响？分析大宗商品的价格走势及其影响有不同的视角，包括技术层面、地缘政治等，不过从大周期的角度看，有必要在一般均衡框架之下对供求基本面进行系统性的框架梳理。

金融周期看大宗商品需求

首先需要回答一个问题，开始于 2014 年 6 月的这一轮油价下跌背后的推动力量是短期波动，还是大周期的趋势性因素？

对此有多种解释：全球经济疲弱、美元强势、沙特阿拉伯等传统石油生产地与美国等页岩油气新兴生产者争夺市场份额，以及美国和沙特阿拉伯利用低油价围剿俄罗斯等阴谋论。这些解释单独听起来都有一定道理，现实中这些因素也可能确实起过作用，但视野不够广阔，容易出现只见树木不见森林的偏差。

一个值得注意的现象是，本轮油价下跌并不是孤立存在的，而是大宗商品价格全面下跌的一部分。大宗商品价格的全方位下跌说明有共同的力量在起作用，而不仅是某一个市场的特殊因素（如 OPEC 国家的产量政策）。因而，我们不能从某个单一市场的因素来认识本轮油价下降，而要从供给和需求两个方面寻找有普遍意义的解释因素。

在需求方面，全球经济增长导致的需求疲弱是大宗商品价格全面下跌的原因。那么，需求疲弱是短期还是中长期因素使然？短期因素自然不少，但更主要、更根本的恐怕还是中长期因素。美国前财政部部长、经济学家萨默斯在 2013 年重新提出了"长期停滞论"（secular stagnation），说的是发达国家面临一些抑制增长的长期性因素。尽管"长期停滞论"仍存在争议，但这一判断所基于的三个方面原因值得我们重视，它们都是超越短期波动的力量。

一是人口结构的变化。劳动年龄人口下降意味着，假设其他条件不变，资本的边际产出率下降导致投资需求下降。这是发达国家和中国都面临的问题。

二是贫富分化。收入分配差距扩大，社会财富越来越多地集中在少数人手里，而富人的边际消费倾向低，导致总体消费需求疲弱。贫富差距扩大是过去 40 年的一个全球现象，而金融危机后发达国家货币政策极度宽松又进一步加剧了这个问题。

三是金融周期下半场的去杠杆。金融危机后，私人部门去杠杆和资产负债表调整抑制了消费与投资需求。家庭部门通过减少消费来偿还债务，企业降低投资以偿还债务，对个体来讲都是理性的行为，但加在一起，对总需求就会造成很大的冲击。在美国，金融危机之后家庭部门的去杠杆力度较大。虽然美国似乎进入了新一轮周期的上升阶段，但力度较弱。欧洲还在金融周期下半场的去杠杆调整之中。在中国，近几年非金融企业部门在全球金融危机后杠杆率大幅上升，未来面临去杠杆的压力。

金融周期的视角对分析大宗商品价格走势很重要。金融周期和一般经济周期有不同的规律：金融周期发生的频率比一般经济周期低，但持续的时间则较长，一个金融周期可能跨越多个以增长和通胀为代表的经济周期。一般的经济周期涵盖的时间为 1~8 年不等，而金融周期的跨度在 15~20 年。虽然金融周期发生的频率低，但导致的经济增长的波动幅度比一般的经济周期大。在繁荣时期，房地产和信用扩张支持投资，既拉动需求又增加供给，通胀对宏观经济政策的制约弱化，经济增长可能长时间处在较高水平；到了衰退阶段，信用紧缩、投资下降、增长率持续处在疲弱的水平。

金融周期的效果是拉长了经济增长、通胀、利率等宏观变量在周期不同阶段的时间，加大了上下变动幅度。这一点在大宗商品市场，特别是石油市场上，表现得最为突出。石油等大宗商品过去 15 年的价格上升反映了金融周期上半场房地产泡沫和信用扩张带来的超越一般经济周期的需求，全球主要经济体（美国、中国、欧洲）的金融周期是上一轮大宗商品价格牛市的主要推动力。美国在 2007~2008 年进入金融周期的下半场，但其对大宗商品需求的抑制被中国金融周期上半场的拉动抵消。欧洲在 2010 年开始进入金融周期下半场。随着房地产泡沫的扩大和债务负担的增加，中国金融周期上升的动力在减弱，甚至出现进入下半场调整的迹象。虽然主要经济体的调整步伐和力度有差别，但大方向比较清楚，大宗商品的需求在未来相当长的时间里不可能回到过去高速增长的时代。大宗商品价格的形成机制比房地产透明，和资本市场的联系也更紧密，所以大宗商品价格的调整在短时间内可能是剧烈的，这正是石油等大宗商品价格在 2014 年下半年经历暴跌的原因。对此，冯博士在书中也进行了详细阐述。

供给的特殊性

在供给方面，过去十几年大牛市带来的大宗商品供给的增加不会因为价格下跌而很快消失，因为相关的资本品难以转作其他用途。大宗商品价格尤其油价有一定的金融属性，波动性大。虽然不排除在一段时间大幅下跌后，一些利好消息会刺激价格反弹，但这可能只是超卖的反弹，而供给过剩则是长时间抑制价格的因素。为什么会是这样？短期来看，包括石油在内的大宗商品的供给弹性小。这一机制在其他一般商品市场上表现并不明显，但对于石油和矿产等大宗商品至关重要。

在竞争的市场环境下，价格的变动是实现商品供求平衡的机制，如果需求或供给一方对价格的变动不敏感，则实现供求平衡所需要的价格变动的幅度就大，量的调整时间就会拉长。影响大宗商品周期的一个特殊现象是供给落后于需求的调整。和制造业产品比较，石油和矿产的供给对价格变动的反应慢。结果是需求的变化在相当长的时间里主要体现在价格上，需求增加开始只带来价格上升，价格上升提高大宗商品开采行业的利润率，吸引新的投资，但供给增加的速度比较慢，往往需求见顶了，产能还在持续扩张，于是紧接着价格就会大幅下跌，调整的时间也比较长。供给端的低弹性拉长了大宗商品的周期波动。

那么，是什么因素导致大宗商品的供给对价格变动的反应慢呢？一是大宗商品的开采，尤其是石油和矿石的开采需要大量资金投入，技术含量也较高，使得行业投资的门槛高。二是从勘探、设计到开采需要时间，使得一段时间内供给有限。三是石油和矿产的开采需要政府许可，这种许可一旦获得就具有排他性。这些特性使得自然资源的开发具有天然的垄断性，而且往往涉及权力寻租，后者加剧垄断的程度。垄断程度越高，生产和供给对价格变化的反应越慢，需求的上升给生产者带来的超额利润就越高。当然，利润率越高，对新增开发投资吸引力越大，最终带来供给的上升，尤其是新的供给来源比如美国的页岩油气，会对供求格局产生重大影响。

另外，随着金融深化，大宗商品市场的投机性也增加了。在2003~2008年的牛市阶段，部分需求是投机性需求（来自期货市场和实体库存两个部分），导致价格上升的幅度偏离实体经济的需求和供给平衡，给投资者发出错误的信号，放大产能投资，最终使得供给能力超出实体的需求。

冯博士在书中提出一个值得思考的新现象，页岩油气革命正在改变石油市场的微观结构。比如，页岩油气相对于传统油田的投资生产周期缩短、单口钻井产量规模降低，这会使得生产企业能更灵活地对需求变动做出反应，更快地调整产量，从而增加了供给弹性。如果这一影响足够大，那么未来石油价格的波动幅度可能会降低，有观点甚至认为油价将在50美元左右的水平徘徊相当长的时间，大幅波动的可能性小。页岩油供给的弹性是否对油价有这么大的影响值得关注，有待观察。

石油价格变动如何影响宏观经济？

石油价格之所以受到如此高的关注，是因为其关系普通消费者、工业生产企业、运输业、金融市场投资者、中央银行等主体，而不仅限于石油市场自身的参与者，涉及面极广。所以，不论是在油价上升期还是在油价下降期，石油价格的变动都是影响宏观经济以及政策决策的重要变量之一。我曾在 2011 年 2 月和 3 月分别发表两篇报告，提出分析油价上升影响经济的框架。世殊时异，尽管当时是油价上升而现在是油价下降，但分析方法和框架并无不同。

首先，判断油价变动如何影响经济，需要区分导致油价变动的源头因素。作为一种生产要素和生活必需品，石油价格下跌意味着全球经济作为一个整体的成本下降了，是好事。不过，同样是油价下跌，分析者还应追溯到其源头，是供给增加引起的，还是需求减少引起的？前者对全球经济的正面影响较大；后者本身就是经济疲弱的结果，对经济的正面影响较小。同样的道理，油价上升对全球经济作为一个整体而言是成本上升，是坏事，不过也要区分其源头因素——石油供给下降带来的油价上升比需求增加带来的油价上升对经济的影响要大。石油供给下降带来的短缺，在没有可靠和有效的替代能源的情况下，会直接冲击生产和消费。极端的例子是 1973 年中东国家对美国的石油禁运，导致油价在一年内从 12 美元/桶升到 75 美元/桶，使得美国出现了大范围的汽油短缺，对经济活动造成严重冲击。相比而言，2003～2007 年，尽管扣除 CPI 通胀之后的实际油价上升超过 150%，但因为其源头是世界经济增长强劲带动的需求增加，所以对宏观经济的冲击要小得多。

其次，分析油价变动的影响还要关注收入分配，并考虑第二轮"回流"效应。油价变动意味着收入在石油进口国和出口国之间转移。当油价上升时，收入更多地从进口国转移到出口国，造成前者的净进口支出增加、实际收入减少，从而降低内部消费和投资需求。与此同时，石油出口国收入增加后，从其他国家进口的商品和服务会增加，从而部分抵消油价上升的负面影响。我们将此称作第二轮"回流"效应。2003～2007年是一个明显的例子，尽管油价上升抬高了中国等净进口国的成本，带来负面影响，但第二轮"回流"效应使得石油输出国从中国等制造业新兴市场国家增加进口，部分抵消了高成本的负面影响。同样的道理也适用于当前，油价下跌之后，石油净进口国的贸易条件改善，降低了企业的生产成本、提升消费者的购买力，第一轮影响是正向的，但油价下跌也降低了石油出口国的进口能力，第二轮"回流"效应的影响是负向的。

传统的经济分析往往只考察油价上涨（下跌）造成的第一轮影响，即对石油进口国的贸易渠道的负面（正面）影响，而忽略了收入转移及其"回流"的第二轮影响。因而，不论油价上升还是下降，油价变动对经济的影响都容易被高估。也正因如此，从事后来看，市场往往对突发事件造成的未来前景不确定性反应过度。

再次，除了对实体经济的影响之外，还应关注对金融层面的影响。一方面，石油输出国通过出口石油积累的"石油美元"是国际金融市场上重要的资金来源，油价变动会影响石油美元的多寡。当油价上升时，石油输出国的财富增加，并回流到国际金融市场，购买美国和欧洲国债，并间接放松了美国和欧洲的融资条件，部分抵消了油价上升对其经济的负面影响；当油价下降时，石油输出国财富减少，从而回流到美国和欧洲市场上的资金也面临收缩。冯博士在书中对"石油美元"的循环机制进行了详细论述。根据他的测算，2014 年 6 月以来的油价下跌导致每年回流到国际金融市场的石油美元减少 2440 亿 ~ 3450 亿美元。这会对全球金融市场造成负向冲击。另一方面，在过去几十年金融自由化的大背景下，石油的金融属性增加，油价变动通过金融市场对经济形成的冲击也更显著了。第一，金融市场上的投资者会根据油价变动调整大类资产配置，改变资金流向；第二，如果油价下跌冲击石油等行业过去大规模投资形成的债务的可持续性，那么金融层面的连带影响可能降低投资者整体的风险偏好。美联储前任主席伯南克（Ben Shalom Bernanke）在 2016 年初关于油价走势与美国股价走势正相关现象的讨论之所以引发热议，原因之一就在于，风险偏好下降使投资者同时将资金撤离股市和大宗商品市场转向无风险资产。

最后，油价变动还可能通过货币政策渠道间接影响经济。油价上涨可能推高通胀，而通胀预期又可能引致中央银行收缩货币政策，从而间接对经济造成负面冲击。20 世纪 70 年代油价上升之所以会对宏观经济造成如此大的冲击，很大程度上是由于央行为抑制通胀采取了紧缩的货币政策。相比 20 世纪 70 年代而言，2003 ~ 2007 年的油价上升则没有给宏观经济带来如此大的困扰。这两个时间段有一点重大差别——前一时期全球经济处于短缺型经济，而后一时期全球经济中制造业的生产能力则相对充分。短缺型经济条件下本身就容易发生通货膨胀，因而 20 世纪 70 年代当油价上升时市场急需央行收紧货币政策应对通胀；而 2003 ~ 2007 年当油价上升时，市场对紧缩货币政策的需求并不高。

再进一步追根溯源，全球经济由 20 世纪 70 年代短缺型经济到如今产能过剩的转型背后有着深刻的结构因素，最集中地体现于主要经济体的人口结构。正如我在 2013 年 4 月出版的《渐行渐远的红利——寻找中国新平衡》一书中所述，人口中"生产者/净消费者"比率在过去 40 年间经历了显著的变化。20 世纪 70 年代，发达国家的生产者数量小于净消费者数量，而中国等新兴市场国家尚未充分参与全球经济协作。2000 年之后，美国、英国、德国、日本和中国的生产者数量显著超过净消费者数量，尤其是中国和德国。生产者显著多于净消费者，意味着经济的潜在生产能力相对大于潜在消费需求，生产量超过消费量。正是这一基础性因素在相当大程度上决定了 2003 ~ 2007 年以及 2011 年的油价上升对经济的影响与 20 世纪 70 年代的情形大不相同。

总之，"油价波动及影响的宏观分析框架"关键在于区分不同经济环境之下由不同原因导致的油价变动——同样是油价上升或下跌，原因既可能是供给因素，也可能是需求因素，还可能是投机因素，因而对宏观经济以及金融市场的影响往往不尽相同。或许正因如此，冯博士在书中始终贯穿着"新格局"的概念，并强调石油市场新格局与中国乃至世界经济新格局的相互影响、相互印证，我认同这一理念。冯博士的书内容丰富、逻辑清晰、论述独到，值得关注石油行业和宏观经济的读者认真研读。同时，有趣的叙述风格和生动的文笔也使本书不失为一本可供专业人士和普通大众共赏的读物。

是为序。

彭文生
光大证券全球首席经济学家、研究所所长
中国首席经济学家论坛副理事长

引言：石油市场是洞察宏观经济之"眼"

"美国页岩油革命带来产能激增"

"世界石油价格跌至 2009 年来新低"

"多哈会议未能就冻结石油产量达成协议"

"俄石油公司总裁称欧佩克已名存实亡"

"研究显示美国石油储量居世界首位"

"石油价格跌至 2003 年以来最低点"

"沙特出台经济转型计划以摆脱对石油依赖"

"石油国主权财富基金玩大撤退"

"2015 年 12 月中国原油进口量再创历史新高"

"接受'石油人民币'？俄罗斯再超沙特成中国最大原油卖家"

"中石油伊拉克再获 2.72 亿美元大单"

"国际油价站上 40 美元，国内油价或迎来'六连停'后的首次上调"

"中国 16 家地方炼油企业联合成立石油采购联盟"

……

以上是 2014 年 6 月以来有关"石油"的一些热点新闻标题。石油市场从来不缺乏广受关注的新闻点，以前如此，以后更是如此。在可预见的将来，上面这个新闻标题列表还会越来越长。

周期中脱胎的新格局： 石油市场

在 21 世纪开头的 16 年里，世界石油市场见证了一轮完整的大周期。国际石油价格先是从不足 20 美元/桶一路飙升到 140 美元/桶以上，然后在 2016 年 1 月下降到 30 美元/桶之下。当然，大周期中还嵌套着几个小周期。在周期的高潮，大量资金流入石油行业，不仅带动了传统的投资增加、技术进步和产能积累，还催生了对石油行业影响深远的"页岩油气革命"。而技术革命这一结构性因素又反过来作用于石油周期。

回首来时路，世界石油市场在经历繁荣与衰退、平静与震荡的同时，正在发生一些深刻的格局性变化：供需结构由供不应求转向供大于求、供给弹性增加、贸易流向发生改变、石油输出国组织（OPEC）趋于松散化，等等。除此之外还包括全球范围内对二氧化碳排放和气候变暖的日益关注，以及随之而来的新能源兴起。不论是自身结构，还是外部环境，如今的世界石油市场都与以往大不相同了，新的格局正在形成。

与天气变化、库存调整、市场情绪波动等周期性因素不同，上述格局性变化的影响是长期的。这就要求我们必须打破一些旧的观念和认识，重新理解和审视①石油市场、石油价格以及宏观经济与石油的关系。

---

① 比如，英国石油（BP）首席经济学家 Spencer Dale 在 2015 年的一份研究报告中指出，传统上人们认识石油市场所基于的四个"核心原理"（一是石油是不可再生资源；二是供给曲线和需求曲线陡峭；三是石油由东方流向西方；四是 OPEC 发挥稳定石油市场的作用）都需要改写。详见：Spencer Dale, "New Economics of Oil", Society of Business Economists Annual Conference, London, 13 October, 2015。

周期中脱胎的新格局： 全球经济

有趣的是，同样是在 21 世纪开头的 16 年里，中国经济与世界经济也经历了一轮完整的大周期。在世纪之交，中国经济处在增长动力不足、物价通缩的困境之中，世界经济在亚洲金融危机和互联网泡沫的影响下乍暖还寒。但在随后的几年里，中国经济通过制造业出口、房地产和基础设施建设三大增长引擎的拉动，实现了持续的高速增长，世界经济也在"资源国－生产国－消费国"模式的带动下繁荣发展。

不过，正如经济学家海曼·明斯基（Hyman Minsky）那句被广泛引用的名言所说的那样，"稳定孕育着不稳定"[①]：对于中国经济而言，高投资、低消费的经济结构是有极限的，不可能永远持续下去；对于世界经济而言，"资源国－生产国－消费国"带来的全球不平衡（Global Imbalance）也是有极限的，不可能永远持续下去。

到 2008 年，旧模式冲破了极限点，最终美国次贷危机和欧元区债务危机爆发。在危机爆发之后的几年时间里，美国、欧元区、日本、中国等主要经济体纷纷采取了扩张性的货币政策和财政政策。尽管这些刺激政策也的确在局部地区和特定时段促成了经济企稳，但从整体来看，直到今日，世界经济仍然未从金融危机的阴霾中完全走出来。

中国和世界经济这一轮从低迷到繁荣再到低迷的过程也不仅是由周期性因素推动的，与石油行业一样，其背后同样有着结构性因素的深刻转型。毫无疑问，如今的中国与世界经济和

---

① 英文原文是"Stability is destabilizing"。

以往也大不相同了，新的格局正在形成。

世界的经济中心不断由西向东转移。继日本和"亚洲四小龙"之后，中国凭借"世界工厂"和高储蓄、高投资，已经成为世界第二大经济体，并且在经济总量上与第一大国美国的差距未来还将继续收敛。但是，在经过30多年的高速增长之后，中国经济的增速自2012年起连续几年下行，寻求转型发展之路势在必行。宏观经济政策在"稳增长""调结构""促改革"之间的权衡取舍并不轻松。中国身后，印度正在奋起直追①。印度能否成为继中国之后世界经济新的"主引擎"，还有待观察。但是不论对中国经济还是对世界经济而言，印度这个拥有10亿人口的新兴市场国家都既蕴含着机会，也暗藏着挑战。

全球范围内，收入分配差距不断扩大，而财富的不平等更甚于收入不平等。不平等加剧不仅抑制了总需求，造成经济内生增长动力不足，同时还在一些国家造成了严重的社会问题，使得传统的社会治理格局面临挑战。英国"脱欧公投"结果出乎大多数预测家的意料，带来的后续问题比解决的问题还多；美国总统大选中特朗普主义异军突起；巴西政坛动荡，总统罗塞夫被弹劾，前总统卢拉贪腐丑闻再掀高潮；欧洲和中东暴力恐怖袭击事件不断，"IS组织"在短时间内席卷叙利亚和伊拉克大片地区；日本右翼势力抬头；中国台湾地区领导人选举中国民党全盘失势……这些事件虽然发生在世界的不同角落，却植根于同样的背景，那就是不断加剧的贫富分化导致精英和普通民众在越来越多的社会问题上出现分歧，诉求差异难以弥合。

---

① 感兴趣的读者可以参考冯明《如果印度经济崛起，中国准备好了吗?》，《商业周刊中文版》2016年6月2日，http://www.aiweibang.com/yuedu/121407045.html。

从降息到量化宽松（QE）再到负利率，全球范围内的货币 "大宽松" 对提振实体经济的效果非常有限，却显著地抬升了资产价格，同时加剧了金融风险，加重了财富分化并拉大社会鸿沟。

互联网革命创造了更多可能性，拓展了人类的生产边界，机器人和智能制造却使得低端劳动者更加弱势，与此同时社交媒体的普及又使得社会情绪更加敏感、更加脆弱。

由于资源品和资源行业的特殊性，经济转型和经济冲击在石油国家往往会被放大数倍：经济周期对一般国家而言只是景气度的起伏波动，而对石油国家而言则如 "过山车" 般震荡难熬；不平等加剧在一般国家或许只会压抑经济和导致政党更替，但在石油国家则很可能引发政变或战乱。在全球货币 "大宽松" 环境中，石油国家面临的通货膨胀风险和货币贬值风险也更为巨大。

石油——现代经济的血液

石油，从物理上讲，是一种由碳氢化合物组成的复杂液态混合物。100 多年前，石油最初只是小规模地应用于照明。在年轻上校费舍尔的强烈呼吁下，英国海军开始讨论采用石油代替煤炭作为军舰的动力原料。当时的海上霸主对于这种黑色液体的威力仍然将信将疑。

100 多年后的今天，已经没有人再怀疑石油的重要性。时至今日，石油被广泛应用于人类生产生活的各个方面，它既是公路上汽车的主要燃料，也是轮船海运和飞机空运的主要动力来源，同时还是一种基础的化工原材料。不仅工业需要石油，现代农业和现代服务业都离不开石油。虽然很多人可能没有亲眼见过石油，但是几乎所有人都用过石油制品，我们的生活都在直接或间接地与石油发生关系。石油已经成为现代经济的标志之一。它是如此重要，以至于被称为"现代经济的血液"；它是如此宝贵，以至于被称为"液体黄金"。

中国经济已经嵌套进全球产业链分工体系之中，开放度超出大多数人的直观感知。即便在大西北内陆深处茫茫戈壁滩中的一个边远乡村小镇上，人们现在的日常生活也完全不可能脱离对外部经济的依赖，脱离不开对石油的依赖。注意，这里说的"外部"，不是指县城，不是指省会，也不是指本省之外中国经济广袤的腹地和沿海地区，而是指全球经济。小镇上农业耕作所用的化肥和农药、商店里卖的矿泉水的瓶子，原材料中都有原油。"215 国道"北起甘肃柳园，南至青海格尔木。2016年 3～8 月，"215 国道"柳园到敦煌段施工修缮。在公路施工现场放眼望去，修路用的沥青是原油蒸馏后的残渣，更不用说工程车运行所需要的柴油、汽油、润滑油。换句话说，这些物品的物理组成部分以及价值组成部分中，都有一定的比例来自"外部"，可能来自邻近的青海或新疆，也可能来自遥远的沙特阿拉伯、安哥拉或地球另一端的委内瑞拉。

事实上，石油对于现代经济的意义还远不止于此。它既是商品，也是金融投资品，还是国际大宗商品市场上最重要的交易标的，以及资本市场上多种金融衍生产品的定价基础，油气资源以及与之相关的权利还是信贷市场上的重要抵押品……石油无处不在。

想想那些让我们耳熟能详的词语："石油贸易""石油金融""石油美元""石油期货""石油外交""石油战争""石油主权财富基金"……关于石油的讨论无处不在。

还有一个角度能体现石油的重要性。《财富》杂志每年评选公布的"世界 500 强"企业是一份在全球范围内具有影响力、广受关注的榜单。即便在石油价格大幅下跌后的 2016 年，

《财富》"世界 500 强"榜单的前 10 名中，仍然有 5 家公司来自石油相关行业（见表 1）。这前 5 家公司分别是中国石油天然气集团公司、中国石油化工集团公司、荷兰皇家壳牌石油公司、埃克森美孚和英国石油公司（BP）。它们上一年度的营业收入总和为 1.34 万亿美元，占上榜 500 家公司总营业收入的将近 5%；它们上一年度的利润总和为 223 亿美元，占上榜 500 家公司总利润的 1.5%。

如果不是因为 2014 年下半年之后国际石油价格暴跌，那么这些石油巨头的营业收入占比和利润占比会更高。以 2014 年 7 月发布的"世界 500 强"榜单为例，上述 5 家石油公司仍然位列前 10，只是具体排名顺序略有变化。它们当年的营业收入总和为 2.15 万亿美元，利润总和为 998 亿美元，分别占上榜 500 家公司营业收入总和与利润总和的 7% 和 5%。

除了上述这 5 家公司之外，在完整的"世界 500 强"榜单中，还包括 27 家来自炼油行业的企业，例如，法国的道达尔公司、美国的雪佛龙公司和 Phillips 66 公司、巴西国家石油公司、意大利的埃尼石油公司（ENI）、俄罗斯的卢克石油公司和俄罗斯石油公司、日本的 JX 控股公司、马来西亚国家石油公司、挪威国家石油公司、泰国国家石油有限公司、印度石油公司、印度尼西亚国家石油公司、韩国的 SK 集团等。这些公司在各自所在的国家几乎都是最大型、最重要、最有影响力的企业之一。除此之外，还有 4 家"世界 500 强"企业的主业是原油生产，分别是墨西哥石油公司、中国海洋石油总公司、陕西延长石油（集团）有限责任公司、康菲石油公司。另外，排名第 14 的大宗商品巨头嘉能可也涉及石油生产业务。同时，还有两家油气设备与服务企业也位列"世界 500 强"，它们是斯伦贝谢公司和哈里伯顿公司。

表1　2016年《财富》"世界500强"榜单前10名

排名	公司名称	营业收入（百万美元）	利润（百万美元）	国家	行业
1	沃尔玛（WAL-MART STORES）	482130	14694	美国	综合商业
2	国家电网公司（STATE GRID）	329601	10201	中国	公用设施
3	中国石油天然气集团公司（CHINA NATIONAL PETROLEUM）	299271	7091	中国	炼油
4	中国石油化工集团公司（SINOPEC GROUP）	294344	3595	中国	炼油
5	荷兰皇家壳牌石油公司（ROYAL DUTCH SHELL）	272156	1939	荷兰	炼油
6	埃克森美孚（EXXON MOBIL）	246204	16150	美国	炼油
7	大众公司（VOLKSWAGEN）	236600	−1520	德国	车辆与零部件
8	丰田汽车公司（TOYOTA MOTOR）	236592	19264	日本	车辆与零部件
9	苹果公司（APPLE）	233715	53394	美国	计算机、办公设备
10	英国石油公司（BP）	225982	−6482	英国	炼油

资料来源：《财富》官方网站，2016年7月。

石油之眼

　　摆在您面前的，是一本关于石油经济的书。我们会在书中讨论石油资源的储量分布、石油的生产与消费、石油市场的微观结构、国际石油价格的决定及其影响、石油国家的经济兴衰等话题。

但这本书又不仅与石油相关，它更是一本关于中国与世界经济的书。这一方面是因为石油市场深受宏观经济的影响，研究讨论石油问题离不开宏观经济；另一方面也是因为笔者在多年的经济研究工作中越来越发现，石油市场是理解宏观经济的一双"眼睛"，石油价格可以作为世界经济的脉搏。

石油行业深刻地影响着世界经济和全球金融市场。石油价格的波动不仅关系普通家庭和居民，因汽车或取暖要烧油，也牵动着许多企业的神经，如航空公司、船运公司、银行业乃至油气勘探开采贸易企业，同时还受中央银行等宏观经济政策制定者的高度关注，因为石油贸易会影响国际收支平衡和货币汇率，石油价格会影响通货膨胀率，而这些变量是各个国家制定货币财政政策过程中必须考虑的因素。

长期来看，石油对经济增长也很重要。石油资源在地理上的分布很不均匀，有时候是"礼物"，有时候却是"诅咒"。石油资源贫乏或充裕可能意味着落后或富足，油田的发现或枯竭可能意味着战争与和平，可能伴随着国家的兴起与衰落，并常常导致新的经贸关系或地缘政治关系的发生和破灭。

石油行业也深受世界经济和金融市场的影响。世界经济增长速度的快慢不会对西红柿价格、白菜价格、包子价格造成太大影响，但对石油市场则可能引发过山车似的上升或者下降。饮料制造商或者养殖企业不需要时刻关注美联储的货币政策，但石油企业则必须对主要国家中央银行的货币政策变动保持高度关注和敏感。除非在特殊情况下，大国外交很少针对单一商品做文章，但石油资源的开发权、石油贸易的定价规则、油气运输通道等问题则始终是大国外交家关注的核心利益问题。

现代经济是一个复杂的动态系统。宏观经济学研究最大的困难之处在于，从来没有人看到过"宏观经济"长什么样子。理发市场很具体，我们能看到理发师，看到顾客，感知理发服务；香蕉市场更是看得见、摸得着，还有明码标价的价签；甚至房地产市场、股票市场，在现实中都对应特定的实体。而宏观经济却是完全抽象的。

宏观经济当然不是国家统计局每月定期发布的干巴巴的数字，更不是《美国经济评论》上由无数密密麻麻的英语字母、希腊字母、罗马字母以及各种奇怪数学符号组成的令经济学博士都望而生畏的"动态随机一般均衡模型"（DSGE）[①]。

为了更好地理解这一看不见、摸不着的复杂动态系统，经济学家努力地寻找或构建一些可观测的指标来刻画、度量宏观经济系统的运行情况。

在古代，耕地面积和人口数量的多少曾经长期是观察和衡量一国经济强弱最常用的指标。例如，在《左传》或《史记》这样的史籍中，当形容一个国家经济繁荣强盛时，常常会列举耕地面积和人口数量。这是因为，古代社会绝大部分人长期生活在温饱线附近，技术进步和资本积累非常缓慢，因而，横向来看，耕地面积和人口数量基本可以代表一个地区或一个国家的经济总量；纵向来看，当一个国家经济稳定繁荣的时候，人口和新开垦的耕地往往也就比较多，当一个国家社会动乱经济萧条的时候，人口往往就会锐减，土地也可能被弃耕荒芜。一

---

① "动态随机一般均衡模型"是一种由大量数学式子组合而成的分析工具，在当前宏观经济学研究中比较常使用。《美国经济评论》是世界最顶尖的经济学学术期刊。

直到新中国成立之后，在鼓励生育的政策宣传中，常用的逻辑仍然是"人多力量大"。

工业革命之后，技术进步加速，新发明、新创造出现的频率大大提高。机器也越来越多地被应用到生产之中。与之相伴的是煤炭产量、钢铁产量等指标逐渐成为工业革命时期衡量一个国家经济发展水平最重要的标志。煤炭被称为"黑色粮食"，钢铁被称为"经济脊梁"。

投行分析师安德鲁·劳伦斯（Andrew Lawrence）在1999年提出了"摩天大楼指数"的概念。他发现，在经济危机发生之前，往往出现大规模的摩天大楼建设热潮。这种"大厦建成、经济衰退"现象背后的经济学道理是，摩天大楼建设热潮反映了商业界对未来经济的乐观预期、投机心理的膨胀以及宏观政策的宽松程度。过度投资达到一定程度，表明经济周期已经到达景气高点，预示着泡沫即将破裂。类似的例子还有很多，比如，金融市场上的分析师有时会使用方便面、榨菜、"老干妈"辣椒酱等产品的销量来间接判断农民工劳动力市场的形势。又如，有人曾用香港中环地区饭店的翻台率来推测香港商贸活动和证券市场的景气度。

2008年，我正在清华大学经济管理学院读大二。那年暑假，学院组织我们到陕北农村进行社会实践调研，调研的主题是农村小微金融发展。社会调研的第一步是要对各个村庄的经济发展水平以及居民的生活水平有一个大致的直观判断。带队的指导老师陈章武教授是一位具有丰富调查研究经验的专家。他传授给我们一个经验：在考察农村的生活水平和物价水平时，如果缺乏可靠的系统性统计数据的话，那么鸡蛋通常是一个较好的切入点。首先，鸡蛋在农村早期曾经是奢侈品，随着经济的发展越来越成为必需品；其次，鸡蛋是标准化的，大小、重量、营养成分在大江南北和长城内外都相差不大①；最后，在农村，鸡蛋市场通常是区域性市场，鸡蛋价格不会对外部冲击太过敏感②。

除了上述这些实物指标之外，经济学家还创造了一些指标。例如，国民生产总值（GDP）、工业增加值、消费者物价指数（CPI）、失业率等。另外，随着金融市场的发展，利率和各种证券价格指数也常常被用来作为观察宏观经济的晴雨表。随着互联网经济的兴起，一些机构设计开发了表征互联网经济景气程度的指标，如阿里研究院开发的"阿里巴巴网购价格系列指数"等。

显然，没有指标是完美的，任何一个指标都或多或少能提供一定的信息，但同时又或多或少有不足之处。由于客观和主观方面的原因，某些指标有时候具有迷惑性。总之，兼听则明。

本书中，我们另辟蹊径，从"石油"的角度来洞察经济系统，把石油行业和国际石油市场当作洞察宏观经济的一双眼睛、一个窗口。我们以石油产量、石油消费量、石油价格、石油贸易、石油金融等作为线索，来反观中国和世界经济，从而加深我们对后者的理解。

如果把现代经济比作一个复杂的有机体，那么石油就像流淌在这个有机体循环系统内的"血液"。石油价格的波动就像"脉搏"一样，通过它可以洞察这个有机体的健康状况或者经济的景气程度。国际石油价格持续高涨，表明世界经济较为繁荣，甚至可能过热；国际油价持续下降，表明世界经济低迷，甚至可能陷入衰退或萧条。当主要国家的中央银行实行宽松的货币政策，货币供给超过实体经济货币需求的时候，石油价格

---

① 当然，近年来开始流行的有机鸡蛋另当别论。
② 随着养殖业的规模化和专业化，这一点在很多地区逐渐不成立了。

很可能出现暴涨；当世界经济爆发大面积的危机时，石油价格则会大幅暴跌。

另外，石油行业的相关产业链条长，石油是所有现代经济体都不可或缺的基础能源品和化工原材料，具有普遍性，不论在深度和广度上，都很少有行业能与石油行业相提并论。石油市场上的产品相对是比较标准化、同质化的。石油行业还积累了大量可比较的历史数据，也为长周期研究提供了可能性。

当然，必须强调的是，像其他任何指标一样，用石油行业和石油市场来洞察宏观经济也不可避免地存在缺陷。宏观经济是一个复杂的动态系统，依靠单一商品和单一市场的信息不可能完全反映宏观经济运行动态的方方面面。在分析运用石油市场提供给我们的信息的时候，应当时刻谨记，它只是一个单一市场，要综合运用其他信息、其他方法，进行交叉推理验证。要区分宏观系统性因素和特定行业的单一因素。

这也正是本书的一个有趣之处：为那些对经济分析有好奇心、感兴趣的读者提供了一个"思想实验室"。在这里，你不仅能够获取有关石油经济和宏观经济的相关知识、理论，同时还可以学习和练习经济学分析方法与分析技巧。在这个实验室里，你既可以进行供给需求均衡分析，也可以进行套利分析，还可以进行博弈论分析，十八般武艺任由施展。

同时，你也会发现，没有工具是完美的，通常，我们需要把多种工具综合起来使用。在这个实验室里，你需要将教科书中的经济学理论与现实世界的经济实践结合起来，因为石油市场不是理想化的完全竞争市场或理想化的垄断市场，甚至不是典型的寡头市场。不仅如此，石油市场还同时涉及金融、国际关系、地缘政治、宗教等多方面因素。

几点说明与澄清

阅读是读者与作者之间的一个约定，是我们共同相伴前行的一段旅程。为了让这段旅程对您而言更愉快、更有收获，在开始正文之前，我想有必要先做几点说明与澄清。

首先，关于"石油"一词的含义。在不同的场合、不同的语境下，"石油"一词的内涵可能存在差别。石油在英语中的学名是"petroleum"，这个词在拉丁语中对应两个词根——"petra"和"oleum"，前者指的是"岩石"，后者指的是"油"。但在现代英语中，"petroleum"和更通俗的"oil"也经常互换使用，都用来指代汽油、柴油等石油制成品。

而"原油"（crude oil）一词的含义相对明确，指的是从油井中开采出来未经加工的石油。在没有特殊说明的情况下，国际市场上或新闻报道中所提到的"石油价格"通常都是指"原油价格"。例如，布伦特原油价格（Brent 原油价格）和美国西得克萨斯中级轻质原油价格（WTI 原油价格）是国际石油市场上最常见的基准价格，前者指的是出产于英国北海油田的轻质低硫原油，后者指的是美国西得克萨斯的中级轻质原油。

在科技和工程文献中，严格区分"石油"和"原油"这两个词是有必要的，但在本书范围内，我们遵循经济学文献中的通常做法，在不引起歧义的前提下，对这两个词不加以特别区分。在有必要之处，我们会做特殊说明。

其次，与石油相关的话题常常是阴谋论滋生的热土。除了战争和金融之外，似乎没有什么事物能比石油更适合阴谋论传播和泛滥。这主要是由于以下三个方面原因：其一，石油对于现代经济是如此重要，每个国家都需要，大部分家庭都离不开，以至于人人都关心这个话题；其二，早期的石油行业的确与外交和军事存在千丝万缕的联系，国家与国家之间、公司与公司之间、国家与公司之间进行秘密谈判、敲诈勒索的行为并不罕见，即便现在，石油依然是外交谈判桌上重要的议题之一；其三，就市场微观结构而言，石油市场也的确有别于一般市场，少数国家占有地球上绝大部分石油资源，少数公司垄断了大部分石油贸易，某些海峡、港口又是大部分石油运输路线的必经之地。当一个事物足够重大、足够独特以至于独一无二的时候，就会难以被理解；当一件事情难以被理解的时候，人们就往往倾向于赋予其神秘色彩。这时，便可能轻信阴谋论。

作为一本以石油为切入点洞察宏观经济的书，作者有必要在一开始先澄清自己对这些阴谋论的基本态度。我无意对阴谋论宣战，但既然是相伴前行的旅程，我想，好的作者有这样的告知义务。

第一，这是一本相对严肃的经济类通俗读物。一方面，我要求自己在文字风格上尽量做到通俗易懂、深入浅出，减少纯理论性的论述，避免使用数学模型。为了便于理解，我有时候会打比方、做类比、讲故事，但是毫无疑问，这些故事远不如某些以"石油战争"作为标题的故事读起来那样精彩纷呈、悬念丛生、跌宕起伏、酣畅淋漓。讲故事本身并不是写作本书的目的。

另一方面，我要求自己在内容上做到严谨，用逻辑说话，用数据说话，在做推演和前景预判的时候，先摆明假设。对于一些不确定的点，我会提示读者这一点仍然存疑。希望读者怀着一颗好奇的心去阅读本书。思辨的过程也许没有读故事舒服、有趣，有时候甚至是痛苦、令人不安的，但收获往往会更多。总之，传递知识和分析方法才是写作本书的目的。

第二，精明的阴谋论者往往会设计环环相扣的故事，旁征博引各种历史事件，对其观点进行所谓的论证。遗憾的是，他们很少给出论据的来源，是否真实发生过也无从考证，其论证的过程常常基于对行为人动机的揣测，而动机本身是难以证实或证伪的。"证有易，证无难""谎言说一万遍就变成了事实"，这正是阴谋论的神奇之处。例如，有人声称，"石油峰值论"是一个阴谋，是大石油公司为了抬高油价、增加利润而雇用科学家人为编造出来的伪科学。还有人相信，页岩油气革命是美国人主导的一场骗局，是奥巴马为了从中东地区撤军而编造出来的理由，同时华尔街的金融巨头为了从页岩油气泡沫中获利，联合媒体鼓吹页岩油气的储量及影响力。有趣的是，随着石油勘探技术的进步，"石油峰值论"早期的预测结论后来确实屡次被全球范围内已探明石油储量的增加所推翻，而在2015年之后，页岩油气相关的投资也的确大幅减少。

对于这些观点，我们会尽可能地剖析其来龙去脉，对其可靠性加以判断，但是坦白地说，我无法完全证伪它们，因为阴谋论从本质上就是不可证伪的。所以，不必咄咄逼人地追问，"石油峰值论"谬误难道仅仅是科学家的无知和科学本身的不足造成的吗？它难道不可能真的是贪婪的石油公司和个别无耻的科学家编造出来欺骗世人的弥天大谎吗？抱歉，对于这样的"难道"，本书无法给出回答。这些问题有待历史学家们去做更多的史料挖掘和历史考证工作，这并不是本书的重点。

第三，对于像石油这样的战略性国家资源而言，毋庸讳言，阴谋有些时候的确是存在的，但这并不意味着阴谋论就值得提倡。恰恰相反，阴谋论常用的分析方法不仅无助于我们理解石油经济，而且不利于相关企业应对石油市场变化，不利于国家制定石油政策。

一方面，我们需要客观看待围绕石油资源和石油行业的各种复杂关系，如大国博弈、地缘政治、军事行动甚至秘密外交等。从100多年前石油相对于煤炭的优势被人类发现以来，石油开发权和石油安全就成为各个国家的核心利益，围绕石油资源的争夺就是国际较量的重要战场。这种较量有时候是通过市场竞争和开发新技术的方式进行的，有时候是通过卡特尔等垄断的途径进行的，有时候则是通过外交手段，甚至不乏密谋、欺骗和战争。对于这些或明或暗的较量，我们要有充分的研究和认识，不能单纯地仅仅依赖自由市场的方法去分析石油经济。那样做是幼稚的。

另一方面，我们也需要看到，相比于100多年前石油资源刚开始被人类发掘利用的时候，今天的石油市场相对而言要透明得多，市场主体的行为目标和所面临的约束条件对于石油市场的影响是主要矛盾。不能一提到石油，就归因于外交和政治，将其过分神秘化，诉诸阴谋论。否则就容易陷入不可知论的消极境地。

第四，本书关注的重点是石油市场和宏观经济之间的双向互动关系，大部分时候依赖技术性的经济学分析。尽管石油市场的确比小区的油条豆浆市场要大得多，比玩具和丝袜市场更加独特，比智能手机和汽车市场更难让人理解，甚至有时的确存在神秘之处，但它依然遵从一些基本的经济规律。换句话说，即便你相信某些阴谋论观点，这些技术性的分析仍然是可靠的，能为我们理解石油经济和宏观经济提供启示。例如，无论小布什政府发动伊拉克战争是为了反恐，还是为了石油，这个事件对于国际石油市场的短期影响是确定的——战争对石油供给造成负向冲击，从而会在短期内推高国际油价。又如，不论美联储退出量化宽松是出于对货币政策的技术性考量，还是出于"货币战争"，这一事件对于国际石油市场的影响也是基本确定的。

全书框架结构

除了开头的"引言"之外，全书接下来共分为四个部分。

第一部分以"石油之国：传统与新兴"为题。先根据最新的统计数据分别介绍国际石油市场供给端和需求端的基本情况，紧接着就阿拉伯联合酋长国（以下简称阿联酋）、沙特阿拉伯、也门、俄罗斯、美国等几个典型产油国的近况进行分析。尽管涉及的国家有限，但这些关于资源诅咒、经济转型发展、地缘政治如何影响国际石油市场、国际油价变动如何冲击产油国经济特别是外汇市场等话题的讨论是非常具有代表性的。

第二部分取题为"石油市场与石油价格：新格局、新趋势"。开始于2014年6月的国际油价下跌是近年来世界经济舞台上的一个重大事件，受实体企业、金融市场以及各国经济政策制定者的高度关注。尽管国际石油价格在1986年和2008年也经历过类似的暴跌，但这一轮油价下跌的成因更为复杂，影响更为深远。该部分的文章围绕这一事件，一方面着重跟踪分析石油市场和石油价格变动，探讨变化背后的原因，预判趋势；另一方面并不满足于这些短期分析，而致力于搭建分析框架、挖掘变化背后的深层次原因。授人以鱼不如授人以渔，相信这些分析方法和框架对于理解未来更长时期内的国际石油市场走势具有借鉴意义。

第三部分以"石油、中国与世界经济"为题，采取更广阔的视角来洞察石油经济以及石油市场与宏观经济的关系。这也是本书一以贯之、反复强调的一个思想——要在国际石油市场和中国与世界经济之间相互反观、对比验证。本部分先介绍中国的石油供给和需求情况，并探讨中国经济对国际石油市场的影响。紧接着通过一组讨论"石油美元"的文章，向读者展示石油市场与国际贸易和国际金融体系的复杂关系。特别的，《"石油美元"诞生记》和《"石油美元"对中国的启示》这两篇对"石油美元"内涵、制度产生历史背景进行探讨的文章，对中国新一轮经济开发和人民币国际化具有一定的借鉴意义。《全球经济新格局呈现五个特点》一文总结梳理了当前世界经济的五点新变化，认识到这些变化有助于我们理解石油行业的动态，反过来，石油行业的动态也能为我们理解判断世界经济新格局提供线索和借鉴。《理解大宗商品市场的"资源国－生产国－消费国"范式》一文是这一思想的直接体现。

第四部分以"'石油之眼'展望未来"收尾，对全书的一些重要结论进行简要回顾和总结，并对未来进行展望。这一部分着重回答三个问题，一是"石油峰值论"可信吗，二是人类需要担心石油资源枯竭吗，三是百年石油经济史带给我们最大的启示是什么。

石油之国：传统与新兴

在世界经济的舞台上，石油出口国是一个特殊的群体。它们是如此特殊，以至于世界银行（WB）和国际货币基金组织（IMF）等国际机构在编制统计资料和报告文件时，往往将其作为一个单独的组别列出。尽管事实上这些国家广泛地分布在亚洲、欧洲、非洲、拉丁美洲等不同地区，尽管它们中有的是发达国家，有的是中等收入国家，有的是极不发达国家，但"石油出口国"成为它们共同的标签。这并不是为了故弄玄虚，而是因为在这一共同标签的背后它们彼此之间的确存在一些共性，如经济结构单一、制造业空心化、贫富两极分化、经济波动较大等。

本书第一部分取名"石油之国"。在前两篇文章《谁是"石油之国"》和《石油消费国》中，我们介绍了世界石油储量分布、石油生产以及石油消费的基本情况，为理解后文提供必要的背景信息。

然后，我们围绕"资源诅咒"这一概念展开讨论。"资源诅咒"是增长经济学研究领域的一个经典理论假设，并得到了许多实证研究的支持。以石油资源为例，的确有不少石油资源禀赋充裕的国家经济发展落后、政治不稳定、人民生活长期陷于低水平。2014 年中以来国际石油价格的暴跌更是造成俄罗斯、委内瑞拉、巴西等国家货币贬值、债务违约，甚至连沙特阿拉伯这样富得流油的国家都不得不通过增加赤字来弥补公共支出，于是，也有人提出了"石油诅咒"（oil spell）的概念。但是，丰富的石油资源既能增加就业、提高工资收入，同时也使得政府拥有相对充裕的收入来源用于基础设施建设和提供公共福利，从而直接和间接地提高国民生活水平。与此同时，在国内经济这轮下行周期中，山西、东北等自然资源禀赋相对丰裕的地区也同样面临着比其他省份更为严峻的经济形势。为什么这些"生在蜜罐里、长在金山上"资源丰富的地区，反而在经济发展过程中出现了这样或者那样的问题呢？我们在《走出"资源诅咒"："迪拜模式"可以复制吗》一文中分析回答这一问题，具体探讨"资源诅咒"的细节和机理。

紧接着，我们选取几个具有代表性的石油生产国进行典型分析。

迪拜是阿联酋的一个成员，也是近年来世界上成长最快的城市之一。迪拜通过发展转口贸易、国际航空、度假旅游、跨文化交流、房地产等产业，成功地摆脱了对石油资源的依赖，被称为中东地区的"明珠"。"迪拜模式"也成为中东和非洲地区资源型城市争相学习模仿的典范和破除"资源诅咒"的法宝。但是也有人认为，"迪拜模式"的成功高度依赖地理位置、宗教关系、地缘政治、社会文化等多方面的因素，甚至有较大的运气成分，无异于一场豪赌，并不值得其他国家借鉴。那么，"迪拜模式"可以复制吗？

沙特阿拉伯是世界上最举足轻重的石油生产国之一，平均每8桶石油里就有1桶来自沙特阿拉伯。2016年4月下旬，沙特阿拉伯政府颁布了一份名为《沙特愿景2030》的官方文件，提出了沙特阿拉伯未来蓝图的"三大支柱"、"一个中心"和"两大战略"。这份文件是近年来沙特阿拉伯在经济领域制定的最重要、最大刀阔斧的改革计划，它为未来15年沙特阿拉伯的经济改革指明了方向。那么，这些改革计划的前景如何？能够顺利开展并如愿以偿成为现实吗？

地缘政治是影响国际石油市场的重要因素。不论从人口、土地来看，还是从经济规模来看，也门都是一个不大不小的国家，在众多的石油出口国中，也门并不突出，但2015年3月26

日沙特阿拉伯联合 10 个海湾国家对也门的军事介入使得这个国家一时成为国际社会关注的焦点。在《石油之国中的一个"普通青年"》一文中，我们抽丝剥茧，透过也门战局来理解中东地区盘根错节的地缘政治关系。

页岩油气革命是进入 21 世纪之后石油行业发生的最重大的事件。美国是页岩油气革命的急先锋和最大受益者。2015 年 9 月 17 日，美国国会众议院能源和电力分委员会投票通过了解除原油出口禁令的"HR-702 号法案"。紧接着在 12 月 18 日，美国国会两院投票通过了解除原油出口禁令的法案。出口禁令解除为美国原油出口打开了大门，也预示着美国距离石油自给自足越来越近。这个事件本身对于国际石油市场的短期影响有限，但长期影响则不容忽视。我们在《新兴石油之国：格局重塑者》和《美国解除原油出口禁令意味着什么》两篇文章中对其进行具体分析。

谁是"石油之国"

地球上有多少石油？已探明的石油资源分布在哪些地方？世界上每年的石油总产量是多少？主要来自哪些国家？哪些国家在出口石油？这些问题构成国际石油市场的供给端大背景，同时也是分析和理解石油经济的必要知识前提。在全书的开始，我们首先对这些基础知识进行交代，梳理最新的统计数据，为读者理解全书提供铺垫。

石油是一种宝贵的资源，任何一个现代经济体都离不开石油。遗憾的是，石油资源的空间分布却不是很均匀：有的国家石油资源非常丰富，可谓"富得流油"；而有的国家国土之下并没有发现储藏有石油。

储藏的地域分布直接决定了石油生产和石油供给在空间上的分布以及石油跨国贸易的格局——少数国家提供了全球经济运行所需石油中的大部分，而其他大部分国家则依靠进口来获得石油。了解石油的空间分布是理解石油经济的第一步，也是宏观经济研究和分析人员需要谙熟于心的基础背景知识。

地球上的石油储量以及分布

截至 2014 年底，人类在地球上已探明的石油储量为 2398 亿吨。按照国际石油市场通常使用的计量单位，大约折合 17000 亿桶。如果保持目前的开采量不变，那么这些已探明的石油资源可供人类再开采使用 52.5 年。

当然，这个数字只能作为一个参考，"地球上的石油资源未来究竟还可以供人类使用多少年？"这个问题受到诸多不确定因素的影响。一方面，未来每年的石油消费量和开采量会发生变化。例如，随着更多的发展中国家进入工业化进程，石油消耗量会增加；而后工业化国家因为经济中服务业占比的上升，石油消费量则可能下降。又如，节能技术的发展以及太阳能、风能、核能等清洁能源更广范围的使用也会降低人类对于石油的依赖。另一方面，随着勘探开采技术的进步，未来还可能出现更多的可供开采的石油资源。对此，我们在后文中还将详细论述。

这 2398 亿吨石油资源广泛地分布在全球各地——从欧亚大陆到大洋洲，从北美洲到南美洲再到非洲，以及部分海洋之下也发现了石油。但是，石油资源的分布并不均匀。大体上，主要集中在如下 5 个区域——亚欧大陆北部、中东地区、非洲北部、北美洲以及南美洲东部（见图 1.1）。

委内瑞拉是迄今为止已探明石油资源最丰富的国家，已探明石油资源储量为 466 亿吨，占全球已探明储量的近 1/5。[①] 沙特

---

① 因为石油储量的密度有所不同，按照重量单位（吨）和体积单位（桶）计算得出的占比一般会有所差别。按照重量单位（吨）计算，委内瑞拉石油储量占全球的比例为 19.4%；按照体积单位（桶）计算，委内瑞拉石油储量占全球的比例为 17.5%。

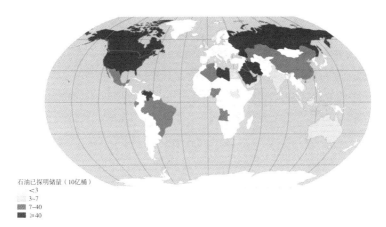

石油已探明储量（10亿桶）
<3
3~7
7~40
≥40

图1.1　全球石油储量分布示意图

注：图中所示为截至2014年的已探明储量。
资料来源：作者根据 *BP Statistical Review of World Energy 2015* 的数据绘制。

阿拉伯和加拿大分别居第2位和第3位，各自占全球已探明储量的15.7%和10.2%。排在前10位的国家还有：伊朗、伊拉克、俄罗斯、科威特、阿联酋、美国和利比亚（见表1.1）。这10个国家的石油已探明储量加起来占全球的85%，其中，仅委内瑞拉、沙特阿拉伯、加拿大、伊朗、伊拉克这几个排前5位的国家就占62%。可见，石油资源在空间上的分布是非常集中的。

表1.1　石油已探明储量国家排名

国家	储量：以重量计（10亿吨）	储量：以体积计（10亿桶）	占比：以体积计（%）	排名
委内瑞拉	46.6	298.3	17.5	1
沙特阿拉伯	36.7	267.0	15.7	2
加拿大	27.9	172.9	10.2	3
伊朗	21.7	157.8	9.3	4

续表

国家	储量:以重量计 （10亿吨）	储量:以体积计 （10亿桶）	占比: 以体积计（%）	排名
伊拉克	20.2	150.0	8.8	5
俄罗斯	14.1	103.2	6.1	6
科威特	14.0	101.5	6.0	7
阿联酋	13.0	97.8	5.8	8
美国	5.9	48.5	2.9	9
利比亚	6.3	48.4	2.8	10
尼日利亚	5.0	37.1	2.2	11
哈萨克斯坦	3.9	30.0	1.8	12
卡塔尔	2.7	25.7	1.5	13
中国	2.5	18.5	1.1	14
巴西	2.3	16.2	1.0	15
安哥拉	1.7	12.7	0.7	16
阿尔及利亚	1.5	12.2	0.7	17
墨西哥	1.5	11.1	0.7	18
厄瓜多尔	1.2	8.0	0.5	19
阿塞拜疆	1.0	7.0	0.4	20
挪威	0.8	6.5	0.4	21
印度	0.8	5.7	0.3	22
阿曼	0.7	5.2	0.3	23
越南	0.6	4.4	0.3	24
澳大利亚	0.4	4.0	0.2	25
马来西亚	0.5	3.8	0.2	26
印度尼西亚	0.5	3.7	0.2	27
埃及	0.5	3.6	0.2	28
南苏丹	0.5	3.5	0.2	29
英国	0.4	3.0	0.2	30
也门	0.4	3.0	0.2	31
叙利亚	0.3	2.5	0.1	32
哥伦比亚	0.4	2.4	0.1	33
阿根廷	0.3	2.3	0.1	34

国家	储量:以重量计 (10 亿吨)	储量:以体积计 (10 亿桶)	占比: 以体积计(%)	排名
加蓬	0.3	2.0	0.1	35
秘鲁	0.2	1.6	0.1	36
刚果(布)	0.2	1.6	0.1	37
乍得	0.2	1.5	0.1	38
苏丹	0.2	1.5	0.1	39
赤道几内亚	0.1	1.1	0.1	40
文莱	0.1	1.1	0.1	41
特立尼达和多巴哥	0.1	0.8	0.05	42
意大利	0.1	0.6	0.04	43
丹麦	0.1	0.6	0.04	44
罗马尼亚	0.1	0.6	0.04	45
土库曼斯坦	0.1	0.6	0.04	46
乌兹别克斯坦	0.1	0.6	0.03	47
泰国	0.1	0.5	0.03	48
突尼斯	0.1	0.4	0.02	49
世界	239.8	1700.1	100	

注: 表中数据为截至 2014 年的已探明储量。

资料来源: *BP Statistical Review of World Energy 2015*。

中国截至 2014 年底的石油已探明储量为 25 亿吨,占全球的 1.1%。在各个国家中排第 14 位。

石油生产国

石油产量的空间分布与石油已探明储量的空间分布大致相同。换句话说,各个国家在利用石油资源方面的态度是基本一致的:一旦在国土之下发现了石油资源,都会开发利用,没有哪个国家会选择将宝藏埋藏在地底下,存而不用(见图 1.2)。

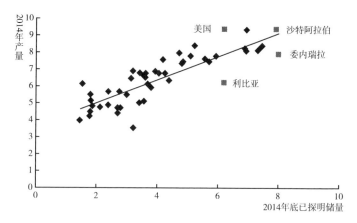

图 1.2　石油产量与已探明储量的关系

注：为了图形表述清晰，图中产量和已探明储量两个变量均取了对数值。

资料来源：*BP Statistical Review of World Energy 2015*。

　　但即便如此，受资金多寡、经济开放度、政治环境等方面因素的影响，不同国家之间在开发利用石油资源的力度上还是存在一定差别的。例如，利比亚和美国的石油已探明储量基本相当，都在 60 亿吨上下，但是利比亚每年的石油产量只有 2330 万吨，美国则高达 5.2 亿吨，是前者的 22 倍多。如果保持现在的已探明储量和开采速度不变，那么利比亚的石油资源可供开采 270 年，美国只可供开采 11 年。又如，尽管委内瑞拉的石油已探明储量比沙特阿拉伯还要略高，但是其产量只有沙特阿拉伯的 1/4。

　　2014 年，全球的石油产量为 42.2 亿吨，相当于每天开采 8867 万桶。其中，沙特阿拉伯、俄罗斯和美国是前三大产油国，分别贡献了超过 12% 的产量，中国和加拿大的产量占比也均达到 5%。与储量一样，石油产量的集中度也非常高——前 5 个国家出产了占全球 48% 的石油，前 10 个国家的占比则高达 67%。

如果算上天然气凝液（NGL）、其他碳氢化合物以及液体生物燃料，根据国际能源署（IEA）的资料，美国在 2014 年已经超过沙特阿拉伯和俄罗斯成为世界第一大液体能源生产国[1]。

中国 2014 年的石油产量为 2.1 亿万吨，折合 424.6 万桶/天，是世界上第四大产油国（见表 1.2）。

表 1.2　石油生产量国家排名（2014 年）

国家	产量:以重量计（百万吨）	产量:以体积计（千桶/天）	占比:以体积计（%）	储采比	排名
沙特阿拉伯	543.4	11505	12.9	63.6	1
俄罗斯	534.1	10838	12.7	26.1	2
美国	519.9	11644	12.3	11.4	3
中国	211.4	4246	5.0	11.9	4
加拿大	209.8	4292	5.0	>100	5
伊朗	169.2	3614	4.0	>100	6
阿联酋	167.3	3712	4.0	72.2	7
伊拉克	160.3	3285	3.8	>100	8
科威特	150.8	3123	3.6	89.0	9
委内瑞拉	139.5	2719	3.3	>100	10
墨西哥	137.1	2784	3.2	10.9	11
巴西	122.1	2346	2.9	18.9	12
尼日利亚	113.5	2361	2.7	43.0	13
挪威	85.6	1895	2.0	9.5	14
卡塔尔	83.5	1982	2.0	35.5	15
安哥拉	83.0	1712	2.0	20.3	16
哈萨克斯坦	80.8	1701	1.9	48.3	17
阿尔及利亚	66.0	1525	1.6	21.9	18
哥伦比亚	52.2	990	1.2	6.8	19
阿曼	46.2	943	1.1	15.0	20

[1]　详见 IEA, *Oil Information*, 2015。

国家	产量:以重量计（百万吨）	产量:以体积计（千桶/天）	占比:以体积计(%)	储采比	排名
阿塞拜疆	42.0	848	1.0	22.6	21
印度	41.9	895	1.0	17.6	22
印度尼西亚	41.2	852	1.0	11.9	23
英国	39.7	850	0.9	9.8	24
埃及	34.7	717	0.8	13.8	25
马来西亚	30.3	666	0.7	15.4	26
厄瓜多尔	29.8	556	0.7	39.4	27
阿根廷	29.5	629	0.7	10.1	28
利比亚	23.3	498	0.6	>100	29
澳大利亚	19.4	448	0.5	24.3	30
越南	17.8	365	0.4	33.0	31
泰国	16.3	453	0.4	2.8	32
刚果(布)	14.5	281	0.3	15.6	33
赤道几内亚	13.1	281	0.3	10.7	34
土库曼斯坦	11.8	239	0.3	6.9	35
加蓬	11.8	236	0.3	23.2	36
丹麦	8.1	167	0.2	10.0	37
南苏丹	7.8	159	0.2	60.3	38
也门	6.6	145	0.2	56.7	39
文莱	6.2	126	0.14	23.8	40
意大利	5.8	121	0.14	14.5	41
特立尼达和多巴哥	5.5	112	0.13	20.3	42
苏丹	5.4	109	0.12	37.7	43
秘鲁	4.9	110	0.12	40.2	44
乍得	4.1	78	0.09	52.4	45
罗马尼亚	4.0	85	0.10	19.4	46
乌兹别克斯坦	3.1	67	0.08	24.3	47
突尼斯	2.5	53	0.06	22.1	48
叙利亚	1.6	33	0.04	>100	49
全世界	4220.6	88673	100	52.5	

注："储采比"可以理解为按照当年的开采量，当前已探明储量可供开采的年数。

资料来源：*BP Statistical Review of World Energy 2015*。

　　为了对众多的石油生产国有更直观的印象,我们不妨做一个简单的比较和归类。冯煦明(2016)① 曾对"人口总量""国土面积""经济规模"三个参数在全球排名前 20 的国家,运用维恩图分析了大国的集合关系(见图 1.3)。我们又在图中将2014 年石油产量排名前 30 的国家用加粗字体标出。标粗国家的产量占全球总产量的比例都在 0.5% 以上。

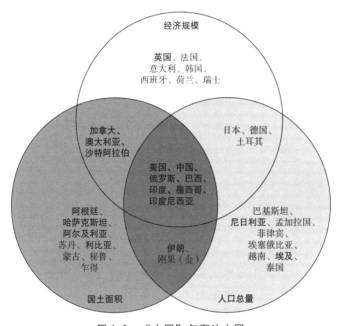

图 1.3　"大国"与石油之国

　　注：①每个圆圈中分别为人口总量、国土面积、经济规模排名全球前 20 的国家；②图中粗体字的国家为 2014 年石油产量排名前 30(产量占全球之比大于 0.5%)的国家。

　　资料来源：冯煦明《何谓"大国"？》，2016。

① 详见冯煦明：《何谓"大国"？》，澎湃新闻网，2016 年 9 月 1 日，http：//www. thepaper. cn/newsDetail_ forward_ 1522745。

从图 1.3 可以看出，大部分国土面积大国的石油产出一般都不小，国土面积排名前 20 的国家中有 15 个国家的石油产出量排名位列世界前 30。人们常把"地大"和"物博"连在一起使用，可见这种说法至少在石油资源上是成立的。当然，不排除有些国土面积不大的国家却盛产石油。图 1.3 中的例子是英国。英国国土面积不大，但邻近海域富藏石油。更多的例子在图 1.3 之外，如挪威、卡塔尔、阿联酋等，这些国家都是国土面积小国，却是石油生产大国。

另外，有一类国家，虽然人口众多，经济规模也很大，但石油资源贫乏。代表性的例子如日本、德国等，这些国家居民和企业所消费的石油几乎全部来自外国进口。

幸运与不幸

提到产油国，很多人往往会首先想到中东地区的众多阿拉伯国家，并在脑海中浮现两幅画面：一幅是豪车、王子以及金碧辉煌的摩天大厦；另一幅则是贫穷、战乱以及流离失所的难民。的确，尽管石油是宝藏，但是这一宝藏对于有些人来说是上天的恩赐，对于有些人来说却是魔鬼的诅咒；对于有些国家是幸运，对于有些国家则是不幸。

在众多的"石油之国"中，的确存在一种极化现象：有国家仅仅通过出口石油就换取了大量的财富，成功跻身世界人均收入最高的国家之列，如卡塔尔、阿联酋、挪威等；同时，也有国家尽管拥有丰富的石油资源，也依靠大量石油出口，却长期难以摆脱贫困和落后，如刚果（布）、尼日利亚、南苏丹、乍得等。

从统计上整体来看，经济发展水平与石油依赖度之间是负相关的。一方面,经济发展水平低的国家产业结构往往比较单一,因而如果有石油资源的话就比较容易患上"石油依赖症";另一方面,如果一个国家从石油出口中能获得较大的利益,那么其发展工业的自我激励就会大大降低,容易形成资源出口和消费性服务业占主导的经济结构,不利于经济可持续发展。同时,有研究表明,资源禀赋比较丰富的国家也更容易出现战争、贫富两极分化、政治不稳定以及掠夺型的经济制度。

对石油依赖度较高的国家有赤道几内亚、刚果(布)、科威特、伊拉克。这几个国家 2014 年石油租金①与 GDP 的比值都超过了 40%。沙特阿拉伯石油租金与 GDP 比值也比较高,2014年为 38.7%。相比之下,俄罗斯对石油的依赖度为 12.7%。加拿大、美国等工业化国家则要低得多,分别为 3.35% 和 0.76%。

但必须指出的是,石油资源禀赋与经济发展水平之间并不存在简单的对应关系(见图 1.4)。石油资源丰富的国家经济可能发展得好,也可能发展得不好;同样,石油资源贫乏的国家,经济也可能发展得好或不好。

例如,伊朗和加拿大是一对典型的例子,这两个国家的石油储量大致相同,但 2014 年伊朗的人均 GDP 仅为 5443 美元,只有全球平均水平的一半左右;而加拿大的人均 GDP 则高达50231 美元,是全球平均水平的将近 5 倍(见表 1.3)。

又如,丹麦和乍得这两个国家的石油资源禀赋也接近,但是前者的人均 GDP 是后者的近 60 倍。日本和德国都是贫油国家,但同时也是世界上最发达的经济体。

---

① 这里的"石油租金"指的是世界银行定义的按照当期市价计算的原油产出的总价值减去生产成本后的差值。

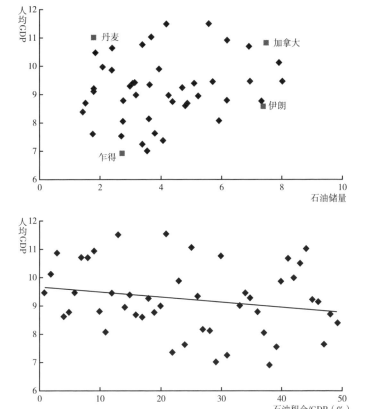

图 1.4 石油资源禀赋与经济发展水平

注："人均 GDP"为现价美元，"石油储量"单位为亿桶，这两个数据是了图形表述清晰取了对数值。图中数据为 2014 年数据。

资料来源：世界银行 WDI 数据库，*BP Statistical Review of World Energy 2015*。

表1.3 主要石油生产国概况（2014年）

国家	储量（10亿桶）	产量（千桶/天）	GDP（亿美元现价）	购买力平价GDP（亿国际元现价）	人均GDP（美元现价）	人均购买力平价GDP（国际元现价）	石油租金/GDP（%）	总人口（万人）
委内瑞拉	298.3	2719	3813*	5380*	12772*	18020*	23.81*	3069
沙特阿拉伯	267.0	11505	7538	16064	24406	52010	38.71	3089
加拿大	172.9	4292	17854	16018	50231	45066	3.35	3554
伊朗	157.8	3614	4253	13521	5443	17303	23.65	7814
伊拉克	150.0	3285	2235	5242	6420	15057	41.36	3481
俄罗斯	103.2	10838	18606	33586	12736	22990	12.71	14382
科威特	101.5	3123	1636	2749	43594	73246	53.04	375
阿联酋	97.8	3712	3995	6149	43963	67674	18.98	909
美国	48.5	11644	174190	174190	54629	54629	0.76	31886
利比亚	48.4	498	411	976	6573	15597	33.28	626
尼日利亚	37.1	2361	5685	10491	3203	5911	10.84	17748
哈萨克斯坦	30.0	1701	2179	4189	12602	24228	20.99	1729
卡塔尔	25.7	1982	2101	3055	96732	140649	19.50	217
中国	18.5	4246	103548	180171	7590	13206	0.91	136427
巴西	16.2	2346	24166	32752	11727	15893	2.16	20608
安哥拉	12.7	1712	1384#	1525#	5901#	6949**	32.37#	2423

续表

国家	储量（10亿桶）	产量（千桶/天）	GDP（亿美元现价）	购买力平价GDP（亿国际元现价）	人均GDP（美元现价）	人均购买力平价GDP（国际元现价）	石油租金/GDP(%)	总人口（万人）
阿尔及利亚	12.2	1525	2135	5526	5484	14193	18.05	3893
墨西哥	11.1	2784	12947	21710	10326	17315	4.85	12539
厄瓜多尔	8.0	556	1009	1808	6346	11372	13.72	1590
阿塞拜疆	7.0	848	752	1671	7886	17521	27.23	954
挪威	6.5	1895	4998	3371	97300	65614	7.57	514
印度	5.7	895	20485	73841	1582	5701	0.93	129529
阿曼	5.2	943	818	1636	19310	38631	27.97	424
越南	4.4	365	1862	5107	2052	5629	4.34	9073
澳大利亚	4.0	448	14547	10779	61980	45925	0.66	2347
马来西亚	3.8	666	3381	7666	11307	25639	4.83	2990
印度尼西亚	3.7	852	8885	26761	3492	10517	1.83	25445
埃及	3.6	717	3015	9435	3366	10533	5.76	8958
南苏丹	3.5	159	133	240	1115	2019	...	1191
英国	3.0	850	29889	25974	46297	40233	0.61	6456
也门	3.0	145	360.5#	966#	1408#	3785#	11.13#	2618
叙利亚	2.5	33	...	...	...	...	...	2216
哥伦比亚	2.4	990	3777	6384	7904	13357	6.46	4779
阿根廷	2.3	629	5377	...	12510	...	2.39	4298

续表

国家	储量（10亿桶）	产量（千桶/天）	GDP（亿美元现价）	购买力平价GDP（亿国际元现价）	人均GDP（美元现价）	人均购买力平价GDP（国际元现价）	石油租金/GDP（%）	总人口（万人）
加蓬	2.0	236	182	328	10772	19430	34.74	169
秘鲁	1.6	110	2026	3713	6541	11989	1.35	3097
刚果（布）	1.6	281	142	283	3147	6277	45.17	450
乍得	1.5	78	139	296	1025	2182	19.88	1359
苏丹	1.5	109	738	1601	1876	4069	3.95	3935
赤道几内亚	1.1	281	155	285	18918	34739	42.74	82
文莱	1.1	126	171	297	40980	71185	18.04	42
特立尼达和多巴哥	0.8	112	289	433	21324	31967	6.98	135
意大利	0.6	121	21412	21558	35223	35463	0.13	6079
丹麦	0.6	167	3424	2568	60718	45537	1.18	564
罗马尼亚	0.6	85	1990	4050	10000	20348	0.98	1990
土库曼斯坦	0.6	239	479	821	9032	15474	12.05	531
乌兹别克斯坦	0.6	67	626	1714	2037	5573	2.58	3076
泰国	0.5	453	4048	10657	5977	15735	1.60	6773
突尼斯	0.4	53	486	1258	4421	11436	2.90	1100
全世界	1700	88672	779606	1086812	10738	14970	2.49	725969

注：标记"#"的为2013年数字，标记"*"的为2012年数字，标记"**"的为2011年数字，"…"表示数据缺失。

资料来源：世界银行WDI数据库，*BP Statistical Review of World Energy 2015*。

事实上，一个国家的经济发展水平取决于经济制度、政治稳定度、人力资本、技术、基础设施、地理条件、气候环境等综合因素，石油只是影响因素之一，而且往往并非决定性因素。

石油出口

并不是所有的产油国都会对外出口石油。生产石油最多的国家不一定是出口石油最多的国家。美国是一个产油大国，但直到目前为止，并不大量出口石油。只有那些产量超过自身消费量的国家，才会对外净出口石油[①]。

按照 2012 年的数据，沙特阿拉伯、俄罗斯、加拿大是世界上前三大石油出口国。除此之外，前 20 大石油出口国还包括伊拉克、阿联酋、尼日利亚、科威特、安哥拉、伊朗、哈萨克斯坦、委内瑞拉、利比亚、挪威、墨西哥、卡塔尔、阿尔及利亚、阿塞拜疆、英国、阿曼、哥伦比亚（见图 1.5）。

显而易见，这些石油出口国大部分位于中东和非洲地区，有大国也有小国，有穷国也有富国。一般而言，富裕的大国在石油市场上的话语权总是比落后的小国要强。

另外，一个石油出口国在国际市场上的话语权还取决于其出口市场的分散程度。分散度越高，则话语权越强，反之亦然。如果一个国家的石油只有唯一一个买主，而对方又可以同时向好多出口国购买石油，那么前者在价格博弈中的地位就要相对弱得多。

---

① 值得一提的是，有些石油净进口国也可能出口少量石油。例如，根据国家统计局的数据，中国在 2014 年就出口了 60 万吨原油和 2967 万吨成品油。

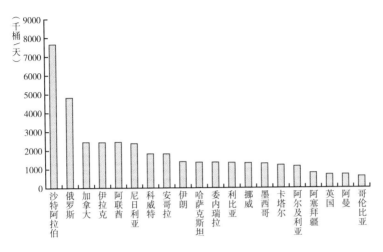

图1.5 前20大石油出口国出口石油情况

注：按照2012年原油（包含天然气凝液）出口量排序。

资料来源：EIA，*International Energy Statistics*。

因而，主要的几个石油出口国都在努力争取更多的买主，将市场分散化。传统上，欧洲是俄罗斯石油的主要出口目的地，占俄罗斯石油购买量的60%以上。但是在乌克兰危机之后，欧盟（EU）联合美国对俄罗斯进行制裁。因而俄罗斯不得不加大力度主动争取中国市场。同时，页岩油气革命带来的前景预期也促使沙特阿拉伯等中东石油出口国努力减轻对美国市场的依赖。特别是在2014年下半年国际油价暴跌之后，俄罗斯和沙特阿拉伯对中国石油市场份额的争夺达到了空前激烈的程度。

石油消费国

　　石油是现代经济中最重要的能源品的基础化工原材料。那么，石油究竟有哪些用途？各个国家的石油消费量如何？石油消费量与经济规模之间一定是正相关的吗？这些问题是国际石油市场需求端的基础背景，在全书的一开始对这些基本知识进行梳理，也有助于更全面、深刻地理解后文。

　　石油的用途非常广泛。尽管原油也可以直接燃烧，但是大部分要经过处理加工之后才能使用。最为人们熟知的是汽车在公路上行驶需要燃烧汽油提供动力，飞机在天空中飞行需要燃烧航空燃料。不过也有一些用途不那么为人们所熟知，例如，在有些国家或城市，居民运用从石油中提炼出的供暖油料在冬季为房屋取暖；又如，石油的成分也被普遍用于多种塑料、化肥、药品等产品的制造中。

　　2014 年，人类共消费了 42.1 亿吨石油。折合成体积单位，大约是每天消费 9209 万桶①。如果用标准的东风大多利卡油罐车来运送的话，每天需要装满 130 万～180 万车。

---

　　①　"桶"为国际石油市场上常用的标准体积单位。6.29 桶为 1 立方米。

石油的用途

国际能源署（IEA）在《能源统计手册》中将石油消费按照部门划分为四大类（见图 1.6）。

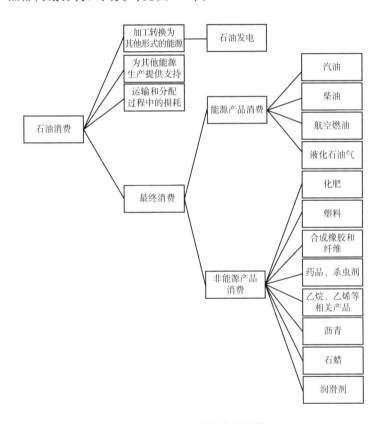

图 1.6 石油消费的部门结构

资料来源：作者根据《能源统计手册》、IEA 官网、OPEC 报告等资料整理。

一是将石油加工转化为其他形式的能源，主要是指石油发电。整体来看，发电在石油消耗中的占比在持续下降。1973年，石油发电量在全球总发电量中所占的比例为25%，2007年这一比例已经下降到了8%以下[1]。

二是在能源工业中为其他能源生产提供支持，例如在煤炭开采和制备过程中燃烧的石油。

三是在石油运输和分配过程中的损耗。石油往往需要经过长途运输才能从油田到达炼化厂，常用的运输方式包括海运、管道运输、铁路运输、公路运输等，运输过程中，特别是替换运输方式时会发生损耗。另外，油轮泄漏、管道泄漏、油罐车发生事故等都会导致在运输配送过程中出现损耗。例如，在2010年墨西哥湾漏油事件中，根据美国政府估计，泄漏到大海中的石油总量接近490万桶或78万立方米[2]。

四是居民和企业等作为最终使用者所消费的石油，又可以分为"能源产品消费"和"非能源产品消费"两大类。

在石油最终消费中，交通运输行业是占比最大的一个行业，2007年，交通运输占最终石油消费的比例为57%。航空运输、公路运输、河运、海运等运输方式都要大量消耗石油及其衍生燃料，除此之外，也有少量火车是靠燃烧柴油来驱动的。其中又以汽车的石油消费量最多。

以中国经济为例，2015年中国的汽车保有量达到1.72亿辆。如果以60升的平均油箱容量计算，将这些汽车全部加满油需要103亿升汽油。假设年均行驶里程为1.5万公里，按照

---

① 资料来源：国际能源署《能源统计手册》，2007。

② 详见：*On Scene Coordinator Report on Deepwater Horizon Oil Spill*（PDF），http：//www.uscg.mil/foia/docs/dwh/fosc_ dwh_ report.pdf。

8 升/百公里的平均耗油量，这些汽车每年总共需要消耗 2064
亿升汽油。这些汽油能够装满 14 个杭州西湖。

主要国家的石油消费量

　　美国是世界上第一大经济体，也是消耗石油最多的国家。
2014 年，美国消耗石油 8.36 亿吨。也就是说，全球每 5 桶石油
中，就有 1 桶是由美国消费的。排在第 2 位的是中国，2014 年
中国经济的石油消费量为 5.20 亿吨，约占全球的 12%。除此之
外，日本、印度、巴西、俄罗斯、沙特阿拉伯、韩国、德国、
加拿大等国家也是消费石油的大户（见图 1.7）。

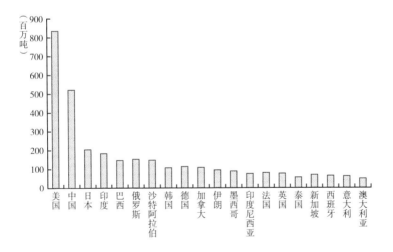

图 1.7　前 20 大石油消费国石油消费量（2014 年）

注：按照 2014 年石油消费量排序。

资料来源：*BP Statistical Review of World Energy 2015*。

很明显，这些石油消费大国并非都是石油生产大国。例如日本和德国，几乎所有的石油都依赖进口。中国国土之下虽然也储藏着可观的石油资源，但是每年的产量远远不如其石油消费量，仍需要大量进口。

印度也是一个石油进口国，而且紧随中国之后成为国际石油市场上越来越重要的一个买家。2014 年，印度的石油消费量为 1.8 亿吨，占全球的 4.3%。对于石油市场而言，增量需求往往更受关注，2014 年全球石油消费增量中，印度占 17%；而中国和印度两个国家加起来的增量则占全球的近 70%。按照目前的增长速度，印度将很快超越日本，与美国、中国一道，成为世界前三大石油消费国。

单位 GDP 石油消耗量

一个国家石油消耗量的多少不仅取决于其经济规模的大小，还取决于其经济结构、能源结构以及能源使用效率。例如，航运业和石油化工是新加坡的重要支柱产业，所以新加坡虽然是一个小国，经济总量在全球列第 38 位①，却是世界第十七大石油消费国。又如，沙特阿拉伯、伊朗等国家因为石油资源丰富，所以能源结构中石油占比较大，煤炭、天然气等其他能源占比较小，因而尽管这些国家经济总量有限，但也是石油消费大国。

图 1.8 展示了一些代表性国家的单位 GDP 对应的石油消耗量。世界平均水平是 5402 吨/亿美元 GDP——每生产 1 亿美元增加值，平均需要消耗 5402 吨石油。伊朗和新加坡经济的石油消耗强度最高，大约相当于世界平均水平的 4 倍；中国和美国

---

① 2015 年国际货币基金组织的排名。

经济的石油消耗强度略低于世界平均水平；英国、意大利、法国、德国等欧洲国家以及日本经济的石油消耗强度更低。

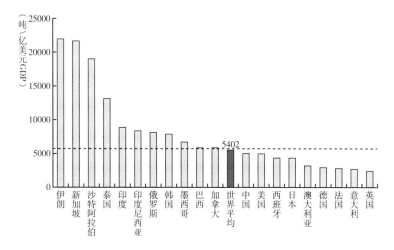

图1.8 单位 GDP 石油消耗量（2014 年）

资料来源：世界银行 WDI 数据库，*BP Statistical Review of World Energy 2015*。

陷入"资源诅咒"的石油之国[*]

  "资源诅咒"是经济增长研究领域的一个经典理论假设，具体到石油资源，也有人提出了"石油诅咒"的概念。一方面，的确有不少石油资源禀赋丰裕的国家经济发展落后、政治不稳定、人民生活长期陷于低水平。国际石油价格的暴跌更是经常造成俄罗斯、委内瑞拉、巴西等国家货币贬值、债务违约，甚至连沙特阿拉伯这样富得流油的国家在 2015 年国际油价暴跌之后也不得不通过增加赤字来弥补公共支出。另一方面，丰富的石油资源既能增加就业、提高工资收入，同时也使得政府拥有相对充裕的收入来源用于建设基础设施和提供公共福利，从而直接和间接地提高国民生活水平。从实证研究上来看，石油出口国也并不都是"穷国"。可见，回答石油资源究竟是"诅咒"还是"福音"这一问题，不能用非黑即白的简单二分法来断定，而要分析具体的作用机制。

  随着 2014 年下半年以来国际油价的暴跌，越来越多的产油

---

* 本文发表于"FT中文网"，2015 年 8 月 25 日。原标题为"破除资源诅咒"。

050

国开始不堪重负：从俄罗斯卢布大贬值，到委内瑞拉国债的违约风险，甚至连沙特阿拉伯这样富得流油的国家今年都不得不通过增加赤字来弥补公共支出。

无独有偶，在国内经济这轮下行周期中，山西、东北等自然资源禀赋相对丰裕的地区却面临着比其他省份更为严峻的经济形势。为什么这些资源丰富的"生在蜜罐里、长在金山上"的地区，反而在经济发展过程中出现了这样或那样的问题呢？

挥之不去的 "资源诅咒"

虽说"不幸的家庭各有各的不幸"，但实际上，产油国以及国内部分资源型省份面临的问题可以放在一个统一的框架下加以理解——那就是"资源诅咒"假说。

"资源诅咒"，是指一些拥有丰富自然资源的地区，其经济反而容易出现各种各样的问题，如经济发展水平比较低、宏观经济波动比较大等，甚至还不如一些资源贫瘠的地区经济发展得好。前者的例子如墨西哥、安哥拉、尼日利亚、赞比亚、塞拉利昂、委内瑞拉等；后者的例子有日本、韩国、新加坡等。尽管"资源诅咒"仅仅是一个假说，但现实中符合该假说的实证经验可谓不胜枚举。除了上述的几个例子之外，非洲的几内亚、苏丹，海湾地区的众多产油国，都或多或少受到了所谓的"资源诅咒"。

"资源诅咒"还有一层含义是贫富分化加剧和社会不稳定。通过开采自然资源可以牟取暴利，然而这毕竟是少数人才能享受的福利。由于资源型产业的产业链通常比较短，因而大部分人其实难以从中受益。经济学研究也发现，资源密集型经济体的贫富差距一般较大。国内某些产煤县在滋养了少数煤老板的同时，整体区域经济的发展水平和居民平均生活水平的提高非常有限，一边是高档洗浴城，另一边是黑砖窑，这种现象令人感慨、痛心。而贫富分化又会衍生许多其他社会问题，如犯罪率上升、社会治理难度加大等。这些因素在长期都会限制经济的发展。

另外，"资源诅咒"常常还伴随着自然环境恶化。化石能源及其他矿藏的开采和加工行业往往是高污染行业，在对环境没有足够的重视、环保监管执法不严格的情况下，容易对土壤、河流、大气、地下水造成污染。拉美和非洲地区资源开采对生态环境造成的破坏已经成为一个受到国际社会普遍关注的问题，国内在过去粗放发展阶段有些中小煤矿对地质结构、土壤环境造成的破坏或许要经过相当长的时期才能得到恢复。

为什么会出现 "资源诅咒"？

那么，为什么会出现所谓的"资源诅咒"呢？大致有如下三个方面的原因。

首先，资源型经济体通常产业结构较为单一，过度依赖开采和出售自然资源。于是，当全球经济繁荣的时候，资源品价格较高，这些经济体会积累大量的贸易顺差，国内经济也比较旺盛；而一旦全球经济陷入低迷、资源品价格进入低谷，这些经济体则会陷入困境，出现贸易赤字、货币贬值、债务违约、通胀率攀升等一系列问题。

在传统的农业经济中，有"靠天吃饭"的形象比喻，类似的道理对于许多资源型经济体也是适用的，只不过它们的"天"不再是气候条件，而变成了全球经济的波动。由于产业结构单一，世界经济的周期波动在这些资源型经济体那里会被放大。观察历史数据会发现，石油出口国的经济波动大于世界其他地区。单独看国内也是一样，山西的经济波动大于其他省份的经济波动。简言之，由于资源型经济体将鸡蛋放在了一个篮子里，所以更容易出现宏观经济的大幅波动。

从这个意义上看，"资源诅咒"的实质是"产业单一诅咒"。实际上，一些其他产业过于单一的经济体或区域，也面临着类似"资源诅咒"的困境，例如美国的底特律地区严重依赖汽车产业，又如辽宁等省份过分依赖重工业，等等。

其次，与之紧密相关的是制造业空心化。制造业的兴衰是决定一个经济体繁荣与没落、竞争力强弱的重要因素——如果没有较为坚实的制造业基础，那么生产性服务业就难以得到发展，而一旦资源枯竭，消费和生活性服务业也将成为断源之水。遗憾的是，大部分资源型国家的制造业是比较落后的。

原因很简单，因为通过开采售卖自然资源就能获取丰厚的收入，因而无须也不愿辛苦劳作，发展其他劳身劳心的产业。出卖资源得来的财富直接被用于消费，而非投资于基础设施建设、发展生产；又因为大部分制造业产品可以通过进口来满足，因而资源型国家的经济会向非贸易部门侧重。由于非贸易品产业不像制造业一样具有规模报酬递增效应，技术进步和人力资本积累也较慢，因而初级产品和非贸易产业的扩张难以支撑长期的经济增长。

20世纪后半叶的荷兰曾为此提供了一个典型的例证。20世纪60年代，由于发现了大量的石油和天然气，荷兰经济开始转向资源开采业，通过资源品出口积累了外贸顺差，国内经济一派繁荣。但很快，传统的农业和其他制造业部门受到了挤出。其负面影响很快显现出来，削弱了荷兰的国际竞争力，降低了荷兰宏观经济的稳定性。类似的现象在国内外其他地方也多有出现，被统称为"荷兰病"。

最后，制度原因。大量的经济学研究已经证明，制度对于一个经济体的长期发展具有至关重要的作用。认真的读者可能会发现，大部分存在"资源诅咒"的国家恰恰也是制度相对比较落后的国家。笔者之前的研究曾发现，在将制度因素纳入"资源诅咒"的计量经济学模型之后，自然资源禀赋的直接解释力就会显著降低。也就是说，"资源诅咒"部分是由攫取型的政治制度、经济制度造成的。从这个意义上看，"资源诅咒"的实质是"制度诅咒"。当然，制度也可能是内生于自然条件的——因为丰富的自然资源往往会为寻租提供温床，更容易引发腐败、争斗、集权统治甚至战争。而这些制度上的不利因素有碍长期经济发展。

资源不诅咒

综上所述，资源型地区的经济发展困境具有复杂的成因，但"资源诅咒"假说并没有抓住问题的根本——尽管自然资源禀赋丰裕可能在一定程度上是产业单一、攫取型制度、贫富分化加剧、环境破坏的原因，但是前者并不必然导致后者，"资源"并不必然导致"诅咒"。

从发展经济学的角度，我们甚至可以断言，"资源诅咒"的本质是"制度诅咒"和"产业单一诅咒"。攫取型的制度以及产业结构的不合理造成了大家表面上看得到"资源诅咒"现象。如果这两个方面的不利因素能够得到矫正，那么自然资源将不再是"诅咒"，而成为一种有利的要素禀赋。事实上，的确有不少自然资源禀赋丰裕的地区较为成功地破除了"资源诅咒"，如澳大利亚、智利、挪威等。

研究"资源诅咒"的机理还有助于我们理解经济结构与经济波动的关系，以及宏观调控政策的局限性。大多数石油出口国经济结构较为单一，尽管它们努力在国际石油市场积攒盈余、增加外汇储备，以便在石油市场低迷时对经济进行逆周期调控，但事实是，在石油价格大幅下跌时，这些努力的功效非常有限。

随着 2014 年下半年油价暴跌，委内瑞拉、俄罗斯、巴西甚至沙特阿拉伯等"海合会"国家①的经济也相继陷入了萧条。前期积累的外汇储备杯水车薪，难以抵挡低油价带来的负面冲击。

经济结构优劣才是决定一国经济是否健康、是否可持续的关键因素，宏观调控只能起到"打麻药"赢得时间和"微型矫正"的作用。这一结论不仅对石油出口国有效，对于其他任何发达国家和发展中国家都同样具有借鉴意义。20 世纪 70 年代中期之后的日本经济、20 世纪 90 年代中后期的东南亚经济、次贷危机之后的美国经济、欧债危机之后的欧元区经济以及当下的中国经济，莫不如此。

---

① "海合会"的全称是"海湾阿拉伯国家合作委员会"，成立于 1981 年 5 月，成员国包括阿联酋、阿曼、巴林、卡塔尔、科威特和沙特阿拉伯 6 国，是海湾地区最主要的政治经济组织。另外，也门也参加海合会的部分理事会及工作。海合会的总部设在沙特阿拉伯首都利雅得。

走出"资源诅咒":"迪拜模式"可以复制吗

迪拜是阿联酋的一个成员,也是近年来世界上成长最快的城市之一。迪拜通过发展转口贸易、国际航空、度假旅游、跨文化交流、房地产等产业,成功地摆脱了对石油资源的依赖,走出了"资源诅咒",被赞誉为中东地区的"明珠"。同时,"迪拜模式"也成为中东和非洲中东资源型城市争相学习模仿的典范。但是也有人认为,"迪拜模式"的成功依赖地理位置、宗教关系、地缘政治、社会文化等多方面的因素,甚至有较大的运气成分,无异于一场豪赌,并不值得其他国家借鉴。那么,"迪拜模式"究竟是不是复制呢?

中东明珠

将迪拜称为中东地区的"明珠"丝毫不为过。这里有许多世界之最——被誉为"世界第八大奇迹"的棕榈岛,总高度达828米的世界最高楼哈利法塔,炫目奢华的全球首家七星级酒店迪拜帆船酒店,世界上最大的购物中心迪拜购物中心,世界上最大的室内滑雪场,中东地区最大的航空港迪拜国际机场等。

迪拜还将是 2020 年世界博览会的主办城市。为了配合世界博览会举办,2014 年 7 月 5 日迪拜宣布将建造全球首个全年恒温的商业步行广场"世界购物中心",建成后预计每年可接待游客 1.8 亿人次①。迪拜一度成为世界经济史上成长最快的城市之一,帕拉格·康纳甚至在其新书《超级版图》中把迪拜称作"世界中心",把迪拜机场的 3 号航站楼赞誉为"文明的终极交汇地"②。2014 年,在全球经济低迷的大环境下,迪拜经济仍然保持着 6.1% 的增长速度。

迪拜隶属于阿联酋,是阿联酋 7 个酋长国中仅次于阿布扎比的第二富裕的酋长国③。从国土面积上来看,迪拜面积 3980 平方千米,是排在阿布扎比之后的第二大酋长国。迪拜拥有 248 万人口④。尽管人口总数与阿布扎比相当,但由于阿布扎比土地面积远大于迪拜,迪拜的人口密度是 7 个酋长国中最大的。实际上,由于商贸、旅游、航运活动兴旺,高峰时段活跃于迪拜的总人口数量远高于这一数字,2015 年高峰时段活跃人口为 355 万人。迪拜人口结构还有一个特点,男性人口显著多于女性人口。2015 年底,迪拜人口中有男性 170 万人,女性只有 74 万人,男女性别比例高达 2.3∶1。

迪拜最大的特点在于其多样性。这是一个不同人群、不同

---

① 资料来源:人民网,http://finance.people.com.cn/n/2014/0706/c1004 - 25244263.html。

② 详见帕拉格·康纳:《超级版图:全球供应链、超级城市与新商业文明的崛起》,中信出版社,2016。

③ 阿联酋由阿布扎比、迪拜、沙迦、富查伊拉、乌姆盖万、阿治曼、哈伊马角 7 个酋长国构成。

④ 截至 2015 年底的统计数字。资料来源:迪拜政府统计中心官方网站。

文明、不同宗教彼此交汇、碰撞、融合的大都市。在迪拜人口中，外籍人口比例非常高，阿联酋公民只占不到 1/5。因为紧邻南亚，迪拜的外籍人口主要来自印度、巴基斯坦、孟加拉国等南亚国家，以及伊朗、埃及等中东国家①。除此之外，还有不少来自欧洲、非洲、中国以及东南亚国家的人。据统计，已有超过 25 万名中国人或者华裔在迪拜居住、工作或生活。每年到迪拜来旅游观光或者过境购物的中国人则更多。

街道上和商场里风格迥异、五光十色的服饰以及音调节奏各异的语言最能看出迪拜人口结构和文化的多样性。这里既能看到身穿宽松落地长袍、头裹面纱的阿拉伯传统服饰的人，也能看到穿着西装短裙的现代职业女性，还有穿着花花绿绿的非洲人，长袍齐膝盖的巴基斯坦人，裹着大大包头、胡须编成小辫的锡克教男人。尽管官方语言是阿拉伯语，但是英语在商业中也得到广泛使用。除此之外，印地语、乌尔都语、波斯语、旁遮普语、中文以及一些非洲少数语种也能听到。

迪拜的历史

早在公元前 3 世纪，迪拜就有人类活动，但与其他大多数中东地区国家一样，迪拜在近代历史上深受西方国家殖民活动的影响。1835 年，迪拜开始脱离阿布扎比成为独立的酋长国。1892 年，迪拜统治者与英国殖民者签订秘密协议，开始受英国保护。

---

① 根据中华网有关迪拜概况的资料，迪拜人口中 42.3% 为印度人，17% 为阿联酋公民，13.3% 为巴基斯坦人，7.5% 为孟加拉国人，9.1% 为阿拉伯人，10.8% 为其他种族。

在地理位置和自由商业政策的推动下,迪拜成为海上贸易的一个重要港口,并一度以珍珠捕捞和珍珠出口而闻名遐迩。1954年之后,随着英国在迪拜建立政治机构,更多的外国人来此定居,迪拜的国际贸易进一步发展。

1966年,迪拜发现了石油资源。1969年,开始产生石油收益。伴随全球范围内前殖民地独立运动的高潮,1971年英国撤离迪拜。在重新划定疆界之后,迪拜与阿布扎比等其他5个酋长国联合成立了阿拉伯联合酋长国。次年,哈伊马角酋长国加入之后,阿联酋开始定型为现在的样子,包含7个酋长国。

直到这一时期,迪拜与中东地区的其他沿海城市并没有太大区别。石油出口促进了迪拜的发展,1968~1975年,迪拜的人口增加了3倍。但与邻近的兄弟酋长国阿布扎比相比,迪拜的石油储量非常有限,不可能长期依赖石油。

20世纪70年代中期之后,迪拜开始经济转型。经济转型的第一步是将石油收入投资于港口等基础设施建设。到20世纪90年代末,迪拜才真正开始崛起为国际化大都市。时至今日,石油只占迪拜经济很小的比例,不到1%,旅游业则占20%[①]。在迪拜官方公布的2015年GDP构成中,开采业只占2.2%[②],物流运输和仓储、贸易、金融、房地产、旅游观光等行业已经成为迪拜的支柱产业。在2015年GDP构成中,占比最大的是批发零售和修理服务业,占全部GDP的29%,房地产和商务服务业占15%,运输仓储业占14.8%,金融业占11.7%,制造业占11.2%[③]。

---

① 详见:http://www.dubai.com/v/economy/。
② 资料来源:迪拜政府统计中心官方网站。
③ 资料来源:迪拜政府统计中心官方网站。

经过经济转型之后，迪拜对石油的依赖大大降低，如今的迪拜已经不能再称为典型的"石油经济体"，不再是典型的中东产油国。当然，不可否认的是，石油资源以及历史上通过石油出口积累起来的原始资本是迪拜转型发展的基础。迪拜的房地产"大跃进"时期正好对应着国际石油价格快速上涨的时期，石油出口国在那时积累了大量"石油美元"。支撑迪拜建设热潮的不仅有来自国内积累的存量"石油美元"，同时还有大量来自中东其他石油出口国的资金。

曾经有人把迪拜比作"中东地区的新加坡"。这样的类比的确有一定的道理。迪拜和新加坡在地理位置、地缘政治上都有相似之处。迪拜在开放度、转口贸易、会展等方面确实采取了与新加坡类似的思路，充分利用地理位置和地缘政治优势，采取开放主义的经济政策和发展模式，甚至在国际航空港、度假旅游、跨文化交流、房地产等其他领域，以至于迪拜比新加坡更为耀眼。不过，在金融业、高等教育等领域，迪拜仍远远无法与新加坡同日而语。

"迪拜模式"可以复制吗？

从经济学的角度，"迪拜模式"的本质是通过发展多元产业，从而摆脱对石油资源的单一依赖。这种由单一产业向产业多元化转型的过程一方面依赖靠出口石油积攒下来的原始积累，另一方面依赖对新比较优势的发掘、稳定的政治环境以及实行开放主义的经济政策。

转型的目标很明确，就是将迪拜打造成区域内和区域间国际贸易、交通、人员流动、文化交流的枢纽和门户。迪拜在房地产业、转口贸易、旅游业、金融业等领域的成功都依赖这一定位,同时也都服务于这一定位。麦肯锡全球研究院(Mckinsey Global Institute)综合商品流动、服务贸易、金融流动以及人员流动设计了"连通性指数"。根据这一指数,全球范围内可以被称作"主要枢纽"的只有6个城市,迪拜跻身其中①。

地理位置优势

"迪拜模式"的成功很大程度上得益于它所在的地理位置。迪拜地处阿拉伯半岛的中部,位于波斯湾南岸出海口的优越位置,是进出霍尔木兹海峡的交通要地。迪拜与伊朗、巴基斯坦以及印度次大陆隔海相望,其所属的阿联酋还与沙特阿拉伯、卡塔尔、阿曼等国家交界(见图1.9)。得天独厚的地理位置使得迪拜成为连接中东国家和印度的海运中转港口,也为其日后跃升为连接欧亚非三大洲航线的航空枢纽提供了可能。

图 1.9 迪拜地理位置示意图

资料来源:谷歌地图。

---

① 其他5个城市分别是纽约、伦敦、香港、东京、新加坡。详见:Mckinsey Global Institute, *Global Flows in a Digital Age*, 2014。

天时

我们对迪拜快速发展和经济转型成功的认识还应当置身于经济全球化的大背景之下。如果把地理因素称作"地利"的话，那么"迪拜模式"的成功还离不开"天时"，即经济全球化的时代背景。

2000年到2008年金融危机是经济全球化的一段黄金时期。虽然在"9·11事件"和美国反恐战争的影响下，中东地区在经济经贸活动和人员交往方面受到一定的负面影响，但整体看来，经济全球化加快发展仍是这一时期的主流。这一时期，迪拜实现了年均复合增长率超过13%的经济增长，增长速度远高于其近邻卡塔尔、科威特、沙特阿拉伯、阿曼等国家。

中国等新兴市场国家的经济增长带动了油价持续上升。1999年，Brent原油价格为20美元/桶，到2008年金融危机之前，超过120美元/桶。9年时间上涨了5倍。制造品生产国与消费国之间的商品贸易、资源国与制造国之间的资源贸易、资源国和制造国与消费国之间的资本流动，三股力量相互促进，共同推动这一时期全球经济成长和繁荣。如果脱离国际市场，资源国、制造国和消费国各自为战、单独发展的话，显然各方都会受限，对于资源国而言尤其如此。在这一点上，"团结起来力量大"是成立的。当然，将资源国、制造国和消费国团结在一起的是商品交易、金融交易背后的利益机制是全球化，而非热情或道德口号。

除了石油价格的上涨外，"迪拜模式"还植根于全球化背景下国际商贸的繁荣和国际人员的频繁往来。如果没有这些因素作为基础，迪拜国际机场、七星级的迪拜帆船酒店、豪华的迪拜购物中心、度假观光胜地棕榈岛就是无源之水、无本之木。

另外，迪拜的建设高潮还依赖大量廉价劳动力的输入。如果不是印度、巴基斯坦大量廉价劳动力的到来以及中国建设工程公司的参与，摩天大楼和机场的建设速度势必要大打折扣。

换个角度来看，我们会发现，经济全球化这一"天时"因素不仅作用于迪拜，而且普遍地影响着世界经济。迪拜房地产业的大跃进尽管突出，但并不是个例。事实上，同样在这个时期，美国的房地产价格也经历了较快的上涨，泡沫不断酝酿，并最终以"次贷危机"的形式爆发。与此同时，在东方，中国的房地产市场也出现了一轮高潮。这段时间，迪拜房地产"大跃进"与美国、中国的房地产繁荣背后有着相同的宏观经济背景，那就是由于新兴市场经济体的崛起，以中国为典型代表的制造业出口国和以中东产油国为典型代表的资源出口国贸易顺差不断积累，全球范围内出现了"储蓄过剩"。这些资金一方面促成了新兴市场国家和石油出口国国内的房地产繁荣，另一方面为美国人贷款买房、贷款消费提供了资金。

2006~2007年，迪拜的开发建设热潮达到空前高涨的水平。与此同时，"制造国-消费国-资源国"的发展模式也难以持续扩张，面临拐点。最终在2008年以金融危机的形式爆发。直到如今，世界经济仍未从这次危机的阴霾中完全走出来。全球性的复苏仍尚待时日。

开放主义

开放主义的政策导向和制度规则是"迪拜模式"赖以成功的基础。这一点尤其需要强调——迪拜作为一个港口城市，拥有一套独特的制度组合以及这套制度组合背后开放主义的指导原则和社会心态。

　　具体而言，这些政策包括资本项目开放、低税率和税收减免、通关便利化、设立自由贸易区和外包服务开发区、允许外国居民拥有房产、完善基础设施建设、提高公共服务效率、司法管辖权创新等。

　　正因为实行了比邻国更自由、开放的经济政策，区域外的企业更愿意首先跟迪拜企业合作，或者首先进入迪拜，以此为据点通过转口贸易将货物提供给伊朗、阿富汗、阿塞拜疆等周边国家。迪拜不仅服务于周边市场，同时还是更广泛的洲际贸易的中转地。阿联酋作为一个整体，是世界上仅次于中国香港和新加坡的转口贸易中心[①]，而迪拜在其中发挥着最大的作用。现在，中国、印度和美国是迪拜的前三大贸易伙伴。

　　例如，伊朗在伊斯兰革命之后与外部世界的关系长期处于微妙状态。一方面，伊朗与美国等西方国家处于对立状态，常受到经济制裁；另一方面，伊朗与外部世界的私下经贸交往却从来没有完全中断。由于迪拜与伊朗地理位置邻近，加之迪拜与波斯文明的历史渊源，迪拜长期发挥着连接伊朗与外部世界经贸交往的桥梁作用。

　　一个有趣的例子是传统黄金贸易。邻国印度是一个黄金消费大国，但由于政策原因，印度黄金进口曾一度受到限制，很多印度人有黄金需求却买不到。于是，实行开放政策的迪拜利用制度优势，通过合法或非法渠道向印度市场输出黄金。或许与这一渊源有关，迪拜境内现在拥有将近 250 家黄金店铺，因

---

①　详见：迪拜政府官方网站，http：//dubai. ae/en/aboutdubai/Pages/DubaiEconomy. aspx。

此也被称为"黄金之城"(City of Gold)①。

更有代表性的例子是杰贝阿里港(Jebel Ali)。杰贝阿里港是世界上最早的自由贸易区之一,也是成功自由贸易区的典型。这里早期主要为油轮和集装箱货轮提供中转服务,后来逐渐发展成综合的现代化港口自贸区。

在转口贸易的带动下,越来越多的外国企业开始在迪拜投资设立分支机构,作为进入和服务周边国家的窗口。为了方便外国企业运营、吸引更多外国企业投资落地,迪拜政府规划建立了"迪拜媒体城"和"迪拜网络城",已经吸引了诸如EMC、微软、惠普、IBM、思科、西门子、甲骨文等高科技企业,以及英国广播公司(BBC)、路透社、美联社、CNN等大型媒体机构入驻。为了方便国际媒体运营,在媒体城内,迪拜设置了比国内其他地区更为宽松的网络审查和访问权限。

另外,资本项目的开放使得迪拜成为中东和南亚众多富豪家族打理财富、进行金融投资的地方。为给这些高净值客户提供近距离的专属服务、抢占客户资源,不少国际知名金融机构在迪拜设立了个性化的私人银行分支机构,拓展阿拉伯、伊朗和南亚业务。为促进国际商务活动,迪拜国际金融中心(DIFC)的司法管辖权有别于阿联酋其他地区,受巴黎国际商会商事仲裁法管辖。

开放的经济政策和包容的社会环境还吸引了大量周边国家的精英人群到迪拜。这些人中有富豪、企业家和银行家,还有知识分子、艺术家和体育明星,他们广泛来自伊朗、伊拉克、叙利亚、埃及、黎巴嫩等国家,有的为了追求自由而来,有的为了政治避难而来,有的为了躲避极端宗教的迫害,有的为了

---

① http://www.dubai.com/v/economy/.

艺术创造而来。这些人的到来进一步增强了迪拜的文化多样性和社会包容性。在一定程度上，迪拜正在延续麦加、麦地那、耶路撒冷、巴格达、大马士革、开罗、贝鲁特、德黑兰、利雅得等城市曾经的辉煌，成为 21 世纪阿拉伯世界和伊斯兰文化的最前沿。

开放主义的经济政策不仅有助于转口贸易、吸引外资和人才，同时也极大地带动了迪拜本地的旅游业和零售消费。2013年，迪拜购物中心的客流量达到 7500 万人次①，居世界首位。

政治稳定，船小好调头

迪拜经济转型的成功还得益于阿联酋国内稳定的政治环境。与伊拉克、也门、叙利亚等中东国家动荡不安、形势波诡云谲不同，阿联酋国内的政局一直是相对稳定的，与邻近国家也很少发生冲突，而且犯罪率较低。政治稳定是经济稳定的前提，为开放主义的对外经济政策、低通胀的货币政策提供了保障。

船小好调头也是迪拜的优势之一。作为一个只有 200 多万人口的酋长国，迪拜实际上是一个城市经济体。这一点与新加坡以及中国的香港地区很像。对于城市经济体而言，改革相对是比较容易的，因为利益补偿机制容易建立；开放也是相对比较容易的，因为能足够快地根据外部经济环境调整自身策略。而对于大国经济体而言，改革和开放则要复杂、困难得多。

正是得益于上述这些因素，迪拜经济在转型中快速发展，成为世界上成长最快的城市之一。尽管这些因素单独来看都不

---

① 帕拉格·康纳：《超级版图：全球供应链、超级城市与新商业文明的崛起》，中信出版社，2016，第 227 页。

是"迪拜模式"的充分条件,但毫无疑问是必要条件。

事实上,迪拜的经济转型在某种程度上也是被逼出来的。因为迪拜的石油储量与其他中东近邻比起来并不丰富,可供开采的时间有限。

争议

尽管取得了光辉的成绩,"迪拜模式"仍是饱受争议的。这种争议主要来源于对其可持续性的质疑。换句话说,"迪拜模式"背后蕴藏着巨大的风险。这种风险在2008年金融危机期间曾经成为现实。金融危机爆发之后,一些在建的大型项目因为资金不足被搁浅,有的因为资金链断裂不得不延展债务甚至直接违约,一些规划中的项目被暂停或取消。根据媒体报道,因为有投资者为躲避追债逃离至境外,当时还出现了大量豪车被遗弃在迪拜机场停车场的情景。建设热潮降温和投资下滑引起消费减少,对外来游客和劳工的吸引力也有所降低,这样就形成了一个恶性循环。迪拜的信用评级也随之被下调。一时间,人们对迪拜的未来预期黯淡,国际舆论对"迪拜模式"的质疑声音不绝于耳。

不乏有人认为,"迪拜模式"无异于一场豪赌,并不值得其他国家借鉴。这主要是因为大部分石油出口国赌不起,因为真正像迪拜那样富得流油、可以挥金如土的石油出口国少之又少。同时也是因为这样的赌局输的概率大于赢的概率。迪拜的确是成功了,但这种成功不仅依赖金钱的堆积,还依赖地理位置、宗教关系、地缘政治、社会文化等多方面的因素,甚至有较大的运气成分。持这类观点的人会认为,迪拜的成功更多是一个独特个案,并不存在所谓的可推广复制的"迪拜模式"。

"迪拜模式" 的追随者

迪拜已经不再仅仅是一个地名,而成为一种转型和发展模式的代名词。"迪拜模式"是一个大胆的实验。到目前为止成效显著,但实验仍在进行之中,未来并非没有风险。

但无论如何,"迪拜模式"不乏追随者和模仿者。许多国家和城市争相调查、学习迪拜的发展经验,希望能够复制其成功。其中大部分是中东地区和非洲的石油出口国。他们把迪拜作为资源型城市摆脱"资源诅咒"的榜样和多元化发展的标杆。在国际石油价格高涨的时期,这种学习模仿热情也同样更为高涨。

例如,沙特阿拉伯正在红海沿岸建设一座类似迪拜的阿卜杜拉国王经济城(KAEC),这座新城在地中海—苏伊士运河—红海航线上的地理位置比迪拜在波斯湾的地理位置还要优越;阿塞拜疆正在努力将首都巴库打造成"里海的迪拜";安哥拉首都罗安达致力于成为"非洲的迪拜"[①];阿曼也在效仿"迪拜模式",在印度洋上建立开放型贸易枢纽。阿塞拜疆和安哥拉都是典型的石油出口国。

总而言之,"迪拜模式"得益于优越的地理环境,得益于石油出口带来的原始积累,得益于经济全球化的时代大环境,得益于开放主义的经济政策。就"迪拜模式"大量的追随者来看,它们或多或少都有一定的地理位置优势,比迪拜优越者有之,迪拜地理位置优越,但并非必经之地,而且在海水淡化技

① 详见帕拉格·康纳:《超级版图:全球供应链、超级城市与新商业文明的崛起》,中信出版社,2016,第232页。

术出现革命性的升级之前,淡水资源仍将是迪拜发展的掣肘;它们中的大部分也都通过资源出口或其他途径实现了一定的原始积累,财力雄厚于迪拜者有之;世界经济大环境对于大家都是一样的,尽管在金融危机之后全球化遇到了一定的阻力,但国与国之间经贸融合加深的大趋势不会变。毫无疑问,这三个因素都是促成迪拜转型成功的原因,但并不是"迪拜模式"真正的"命门"所在。

迪拜已经成功祛除"资源诅咒"的魅影,由传统产油国转型为中东地区的新型经济体。开放主义的政策理念才是"迪拜模式"的独特之处和关键所在,才是追随者和模仿者最值得研究和学习的地方。当然,也是最难的地方。"开放"一词说起来简单,但真正要成为一国制定经济政策的基本指导原则并不容易,在该原则的基础上形成一套具体、完善且与当地经济实践相契合的经济社会制度更非易事。

"石油王国"的改革宏愿*

    沙特阿拉伯是世界上举足轻重的石油生产国，平均每8桶石油里就有1桶来自沙特阿拉伯。近年来，受国际石油价格暴跌的影响，沙特阿拉伯也在积极寻求经济结构转型。2016年4月下旬，沙特阿拉伯政府颁布了一份名为《沙特愿景2030》的官方文件，提出了其未来蓝图的"三大支柱"、"一个中心"和"两大战略"。这份文件是近年来沙特阿拉伯在经济领域最重要、最大刀阔斧的改革计划，它为未来15年沙特阿拉伯的经济改革指明了方向。那么，这些改革计划的前景如何？能够顺利开展、成为现实吗？

    沙特阿拉伯的国运与石油紧密相连，但现在，这个"富得流油"的国家想要摆脱对石油依赖的命运。沙特阿拉伯是世界上举足轻重的石油生产国，平均每8桶石油里就有1桶来自沙特阿拉伯。始于2014年6月的国际油价暴跌给沙特阿拉伯经济带来了严峻挑战。2016年4月下旬，沙特阿拉伯政府颁布了一份名为《沙特愿景2030》的文件。这份文件是近年来沙特阿拉

---

    * 本文发表于《东方早报·上海经济评论》2016年5月31日。原标题为"沙特的改革计划能够如愿吗"。

伯在经济领域最重要的改革计划，它为未来 15 年沙特阿拉伯的经济改革指明了方向。从文本内容来看，这份方案可谓大刀阔斧。

《沙特愿景 2030》提出的未来沙特阿拉伯蓝图包括三大支柱：一是阿拉伯和伊斯兰世界的心脏，二是全球投资的动力源，三是连接欧亚非三大洲的枢纽。为将这一愿景变为现实，《沙特愿景 2030》列出了若干改革计划。我们可以将其内容简要概括为"一个中心，两大战略"。

"一个中心"是指降低对石油的依赖，增强经济多元化和可持续性，使沙特阿拉伯成为地区乃至全球范围内的经济强国。这是全部改革计划紧密围绕的中心目标。按照被寄予厚望的副王储穆罕默德·本·萨勒曼的表述，改革的目的就是让沙特在即便没有石油的情况下也能繁荣发展。"两大战略"：一是石油换投资；二是对内搞活和对外开放。

石油换投资，简单而言就是出售部分石油资源以及石油企业的股权，并将所得收益分散化投资到全球范围的其他行业。其中最为令人瞩目的是阿美石油公司（Saudi Aramco）的上市计划。阿美石油公司的历史可以追溯到 1933 年美国美孚石油公司与沙特阿拉伯签署的协议，几乎可以视为近代石油经济史的一个缩影。1976 年之后沙特阿拉伯政府接管了这家公司。现在阿美石油公司是沙特阿拉伯的一家国有企业。

沙特阿拉伯政府有意将其小部分股权在证券市场上进行首次公开募股（IPO），然后用上市募集的资金进行多元化投资，获取石油行业之外的收益。目前市场对阿美石油公司的估值大约为 2 万亿美元。作为对比，当前中国石油天然气集团公司的市值为 13000 亿元人民币，中国工商银行市值为 15000 亿元人民币，谷歌公司和苹果公司的市值分别为 2200 亿美元和 5300

亿美元。按照 2 万亿美元的估值计算，5% 股份公开对应的募资额度为 1000 亿美元。这很可能将成为有史以来规模最大的 IPO 项目。

石油换投资只是两大战略的"左膀"，为了实现经济多元化和可持续的目标，更重要的是"右臂"——对内搞活和对外开放。尽管前者由于国际资本市场的追捧而备受舆论关注，但沙特阿拉伯改革的重点和难点毫无疑问在于后者。

对内搞活方面，《沙特愿景2030》列出的具体措施包括价格市场化改革、鼓励私营经济特别是中小企业的发展、部分政府服务私营化、提高女性就业率、兴资教育等。沙特阿拉伯是世界上石油资源最丰富的国家之一，同时也是能源补贴力度最大的国家之一。背后的逻辑很朴素——"自己家生产的东西，自己人使用当然要便宜些"。类似我国在计划经济时代以及改革开放之初的一段时间也存在的那样，电业局的职工不用交电费，铁道部的职工坐火车不用买票，等等。但在经济学上，这样做往往会带来效率损失。石油价格下跌给沙特阿拉伯国内财政收支平衡带来了巨大压力，于是为了减轻财政压力，削减对成品油、电力的补贴被列为改革事项之一。同时，《沙特愿景2030》中制定了一系列具体政策措施激励中小企业的发展，以推动中小企业的就业占比在 2030 年之前从 20% 提高到 35%。

除此之外，沙特阿拉伯政府还把推动军工产业发展作为搞活国内经济的一项主要任务。常年的战乱冲突加之丰厚的"石油美元"流入使得中东地区成为世界上最有吸引力的武器市场，即便仅看沙特阿拉伯一个国家，每年也要花费巨资进口武器装备。《沙特愿景2030》将军工产业摆在了重要位置，目的一方面在于降低沙特阿拉伯武器装备的对外依赖，另一方面也是希望争夺中东地区丰厚的武器装备市场利润，并在地区军事领域获得更大的优势和话语权。

对外开放是指吸引更多的外国资金、人力资本、技术参与沙特阿拉伯经济。具体措施包括：改进营商环境；建立经济发展特区；开放石油化工、金融业、制造业领域，允许外国企业进行直接投资；吸引更多的外国游客到沙特阿拉伯旅游；允许外国人在沙特阿拉伯国内购置和拥有房产；等等。

《沙特愿景2030》还提出了一个非常明确的目标——通过上述"一个中心，两大战略"的改革，实现沙特阿拉伯经济总量在全球的排名从2014年的第19位提升到2030年的前15位。沙特是G20中唯一的一个中东国家，如果这一目标如愿实现，沙特在G20中的地位自然也会得到提升。

但是纸上得来终觉浅，这些改革计划前景如何？能够顺利开展、成为现实吗？

首先，阿美石油公司上市或许是《沙特愿景2030》所列改革事项中最容易实现的一项。在国际资本市场的簇拥下，没有什么比出卖资产更容易的事情了。如果不出意外，我们将在接下来的一两年时间里看到阿美石油公司上市的新闻，并见证一家新的巨无霸型主权财富基金的成立。

但这个资源禀赋得天独厚的王国还是会面临那个老问题——花钱似乎比挣钱难。虽然通过出售阿美石油公司部分股权融得了大笔资金，但是这些资金是否能够被有效运营、获得客观回报仍未可知。毕竟在全球经济低迷的情况下，资金供给相对于投资机会而言是过剩的。现在的情况是"缺机会"，而不是"缺资金"。

其次，相比之下，其他领域的改革面临的困难和阻力更大。要想建立有效的产业分工体系、跳出"资源诅咒"陷阱是非常困难的。《沙特愿景2030》在一定程度上是以新加坡淡马锡模式作为参考样板，但需要注意到，新加坡经济的成功绝不是只依赖淡马锡模式，而是广泛植根于其在人力资本、制度、文化、地理位置等多方面的优势，从而在全球分工体系中某得立足之地。沙特阿拉伯的近邻迪拜在学习新加坡经验方面取得了较为公认的成效，但沙特阿拉伯能否复制迪拜的成功经验，还存在很大的不确定性。毕竟与迪拜相比，沙特阿拉伯不论在人口数量和国土面积上，还是在经济总量上都要大得多、复杂得多。

最后，尽管改革前景尚未可知，但展望未来，有两点是确定无疑的。其一，沙特阿拉伯仍将充分利用其石油资源优势，仍将是世界石油市场上最大的出口国之一，即便《沙特愿景2030》以降低对石油的依赖为目标，这一判断在可预见的将来不会变；其二，无论改革顺利与否、经济上表现如何，沙特都将是中东地区具有特别话语权的领导者，其在宗教和地区关系方面的影响力是难以被替代的。

石油之国中的一个"普通青年"[*]

  地缘政治是影响国际石油市场的重要因素。尽管从人口数量、土地面积、经济规模等任何指标来看，也门都是一个不大不小的普通国家，在众多的石油出口国中并不突出，但是 2015 年 3 月 26 日沙特阿拉伯联合 10 个海湾国家对也门的军事介入使得这个国家一时成为国际石油市场关注的焦点。在本节中，我们抽丝剥茧，透过也门战局来理解中东地区盘根错节的地缘政治关系。

  2015 年 3 月 26 日凌晨，沙特阿拉伯联合 10 个海湾国家对也门展开空袭，也门局势迅速成为国际社会关注的焦点，其受关注程度甚至一度超过了伊朗核谈。也门局势日益复杂化，各方势力盘根错节，你争我夺，不可开交，甚至用"乱作一锅粥"来形容也并不夸张。那么，究竟应当如何理解也门局势的乱象呢？

  首先，我们对也门这个国家做一个简单的画像。在中东地区的众多国家之中，也门并不突出：也门有 2441 万人口^①，土

---

 * 本文发表于《东方早报·上海经济评论》2015 年 4 月 21 日。原标题为"三'圈'两'线'理解也门乱局"。

 ① 本段中引用数据均来源于世界银行 WDI 数据库。

地面积为 52.8 万平方公里，在中东 16 国中均位列第 6。2013 年也门的 GDP 规模为 360 亿美元。也门有石油资源，但远不如阿拉伯半岛上其他富得流油的国家那样丰富。不论从人口、土地来看，还是从经济规模来看，也门在中东地区都属于中等规模，既不是最大的几个国家之一，也绝不是一个小国。从经济发展水平来看，也门几乎是中东地区最不发达的国家，2013 年人均 GDP 只有 1473 美元。

如果说也门这个国家有什么突出的特点的话，可能主要在于两点。

其一，也门国内既有逊尼派穆斯林，也有什叶派穆斯林，而且两者人数都没有达到压倒性多数，加之贫穷和外国势力的影响，近代以来也门国内纷争持续不断，长期处于战火之中。现在的也门是 1990 年由阿拉伯也门共和国（北也门）和也门民主人民共和国（南也门）合并而来的。1994 年，南北也门发生内战，但南方很快战败，也门再次统一。长期的内战和分裂也为外部势力干预也门内政提供了借口。

其二，也门地理位置优越，交通便利。也门西南部的曼德海峡是全球最重要的海上运输通道之一，连接红海、亚丁湾和阿拉伯海。据测算，全世界 38% 的国际运输经过曼德海峡，每天有 380 万桶原油经过曼德海峡运往世界各地[1]。但优越的地理位置和便利的交通也给也门增加了不安定因素：阿拉伯半岛基地组织（AQAP）等恐怖主义势力长期在此盘踞[2]，美国也以反恐为由在也门设有驻军。

---

[1] 资料来源：中国新闻网，http://www.chinanews.com/gj/2015/03-30/7169453.shtml。

[2] 早在"9·11事件"发生之前，2000 年 10 月 12 日，基地组织就曾在亚丁湾袭击了美国军舰科尔号，造成 17 人死亡、30 多人受伤。AQAP 也曾宣称对 2015 年 1 月 7 日《查理周刊》总部恐怖袭击事件负责。

其实，只要稍加系统性的梳理，就会发现也门战局背后有三个"圈"和两条"线"。只要抓住了这三个"圈"和两条"线"，就能对也门当前纷繁的乱象有比较清晰的理解。

第一个"圈"是也门的国内势力，主要两方为以总统哈迪为首的现任政府和反对派胡塞武装。第二个"圈"是大中东地区的地缘政治和宗教冲突，主要力量是以沙特阿拉伯为首的海合会联军和以伊朗为首的什叶派力量。第三个"圈"是传统大国外交在中东地区的博弈，主要力量是美国和俄罗斯。

三个"圈"代表了主导也门局势的三个层面的力量，串起这三个"圈"的是两条主"线"。这两条主线由内及外，不断复杂化；又由外向内，使矛盾更加聚焦、更加显性。

第一条主线是"也门现任政府—以沙特阿拉伯为首的中东逊尼派势力—美国"。也门现任政府的背后是沙特阿拉伯的支持。

也门前总统萨利赫下台后，新总统哈迪对也门局势的把控力有限，被认为是沙特阿拉伯的代理人。沙特阿拉伯是世界上最大的产油国和石油出口国，坐拥麦加和麦地那两座伊斯兰教"圣城"，是中东地区逊尼教派的传统盟主。早在"冷战"之后，沙特阿拉伯和埃及就分别是中东地区资本主义阵营和社会主义阵营的领袖；纳赛尔主义在埃及衰落后，随着伊朗伊斯兰革命的成功，沙特阿拉伯又与伊朗分庭抗礼。可以说"二战"之后的70年来，沙特阿拉伯在中东地区一直是最有影响力的大国，在中东逊尼派政治力量中具有广泛的号召力和影响力。

同时，沙特阿拉伯又和美国是亲密盟友，是美国中东外交战略中最重要的合作者之一。总之，"也门现任政府—以沙特阿拉伯为首的中东逊尼派势力—美国"构成了理解也门局势的第一条主线。

也门在沙特阿拉伯的外交关系中非常重要，原因主要有三个。第一，也门北部与沙特阿拉伯南部接壤，两国是邻国。第二，沙特阿拉伯境内的什叶派穆斯林主要居住于沙特阿拉伯南部，与也门北部的什叶派穆斯林聚居地连成一片，关系密切，因而沙特阿拉伯非常担心什叶派胡塞武装蔓延到沙特阿拉伯南部境内。也就是说，打击也门境内的胡塞武装不仅是沙特阿拉伯的外交战略，同时也关系到沙特阿拉伯国内的稳定。第三，2011年萨利赫被迫辞职结束独裁统治之后，新上任的也门总统哈迪是沙特阿拉伯一手扶植的。长期以来以逊尼派盟主自居的沙特阿拉伯显然要维护哈迪这一代理人的"正统"。事实上，早在2009年，沙特阿拉伯就曾进入也门境内对胡塞武装进行过军事打击。

与上述第一条主线相对应的第二条主线是"胡塞武装—以伊朗为首的中东什叶派势力—俄罗斯"。

胡塞武装（名称来源于其创始领袖"侯赛因·胡塞"）从1992年开始兴起于也门北部，早先曾受到也门总统萨利赫的扶持，后来两者发生激烈冲突，分道扬镳。胡塞武装信奉的是伊斯兰什叶教派。2013年底开始，胡塞武装再次活跃起来，迅速控制了也门北方6省，并于2014年9月攻占了首都萨那。也门总统哈迪被迫迁都亚丁后，胡塞武装又对亚丁发起了进攻。

1979年伊朗伊斯兰革命之后，伊朗逐渐成为中东地区什叶派势力的核心。有诸多证据表明，胡塞武装的背后是伊朗，伊朗长期为胡塞武装提供人员和武器装备支持。约旦国王阿卜杜拉曾经提出一个叫作"什叶派新月"的概念，指的是从伊朗经伊拉克南部至叙利亚再到黎巴嫩南部一带，这一地区形似新月，且由什叶派聚居和主导。如果亲伊朗的胡塞武装在也门取得政权，那么很容易就能与伊拉克、叙利亚、黎巴嫩的亲伊朗什叶派政治势力联合起来，形成对沙特阿拉伯的合围之势，"什叶派新月"很可能演化为"什叶派菱形"，对沙特阿拉伯形成包围。

俄罗斯非常注重发展与伊朗的关系，也是叙利亚萨阿德家族的重要支持者。最近又有媒体爆出消息称，俄罗斯用撤侨飞机向胡塞武装运送武器装备。当然，随着"伊朗核谈"进行到最紧要的关口，伊朗冒着放弃和谈的危险大力支持胡塞武装的可能性并不大。

需要特别说明的是，上述三"圈"两"线"的划分是非常粗线条和不精确的，只是为了大致勾勒出当前也门局势的全景，实际上也门局势远比上面的描述要复杂得多。除了三"圈"两"线"之外，至少还有 AQAP、"IS 组织"、也门前总统萨利赫家族、以色列、美国反恐部队等力量在或明或暗地活跃着，而且关系相互交织、错综复杂。AQAP 是活跃于也门的一股重要的军事力量，它乘政府军与胡塞武装开战之机扩大自己的势力，并借着混乱攻陷监狱、释放因犯。不过，AQAP 也是胡塞武装的死对头，前段时间还曾贴出了悬赏公告，愿为刺杀也门前总统萨利赫和胡塞武装领导人阿卜杜勒·麦立克的人提供 20 公斤黄金作为奖赏。也门前总统萨利赫家族在也门主政多年，残余的力量也不容小觑，最近又与胡塞武装勾结在一起。美国为了打击基地组织，在也门也有小规模军事基地。而且美国也曾寄希望于借助胡塞武装来打击 AQAP，并长期对胡塞武装采取睁一只眼、闭一只眼的策略，但现在表示支持沙特阿拉伯联军轰炸胡塞武装，并为前者提供武器和情报支持。"IS 组织"的许多成员曾在也门接受武装训练。以色列也派战斗轰炸机参与了沙特阿拉伯联军对也门的空袭，这是以色列首次参与阿拉伯国家之间的军事行动，在以阿关系的历史上实现了突破。表面上看，以色列是在支持沙特阿拉伯，但实际上更是为了加剧阿拉伯国家之间的冲突，并为伊朗核谈增加阻力。

一言以蔽之，也门局势发展到如今，已经不只是政府军和胡塞武装之间的冲突那么简单了，也门日益演化成为中东地缘政治乃至美俄大国外交战略的博弈战场。展望也门局势走向，其关键也不再是政府军和胡塞武装的力量对比，而是上述两条主线在圈里圈外的博弈和较量。

那么，也门战局对中国有什么影响呢？答案是，短期内的直接影响微乎其微。从石油来看，也门不是一个大的产油国，尽管曼德海峡是重要的海上运输通道，但目前来看，也门战局影响亚丁湾海运的可能性不大。从外贸、对外投资等经济合作方面来看，考虑到也门的经济体量，对我国也几乎不构成影响。从人员安全来看，沙特阿拉伯联军展开轰炸不久，中国政府就成功组织了撤侨。但是考虑到也门局势正在日趋复杂化，对外影响加速扩散，我们仍需密切关注也门局势的变动。另外，考虑到也门重要的交通和区位优势，是"一带一路"未来建设重要的节点，中国研究者更应当关注也门局势的发展和演进。

在这个国家，石油即货币 *

　　始于 2014 年 6 月的石油价格暴跌是国际石油市场乃至全球经济中的一件大事。俄罗斯是此轮油价下行周期中率先受到巨大冲击的产油国。受油价下跌的影响，俄罗斯卢布汇率持续走低，半年间的贬值幅度累计超过 40%。这也成为大宗商品价格冲击资源国经济和外汇市场的经典案例，分析这一案例有助于深入理解大宗商品价格与宏观经济的关系。本节和下一节是姊妹篇。本节重点讨论国际油价暴跌对俄罗斯经济和卢布的影响，下一节紧接着探讨中国应该如何应对该事件。

　　2014 年 12 月 15 日，俄罗斯卢布兑美元汇率盘中曾突破 67 关口，暴跌幅度超过 15%。莫斯科外汇交易中心甚至还突然以超过交易所设定的风险管理控制线为由，宣布当日报价超过 64.45 的成交全部作废。在汇率暴跌的情况下，此举更加重投资者的恐慌情绪。2014 年以来，卢比已累计贬值了 44%（见图 1.10）。

---

　*　本文发表于《新浪财经》2014 年 12 月 17 日。原标题为"卢布大幅贬值，中国救还是不救？"。

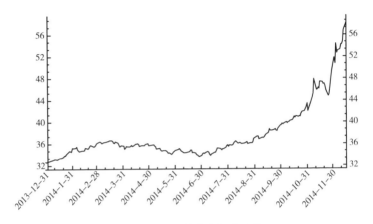

图 1.10 美元兑卢布汇率走势

资料来源：Wind。

紧接着，俄罗斯央行宣布大幅加息，为了防止卢布进一步贬值和应对国内通货膨胀，将关键利率上调 650 个基点至 17%。那么，俄罗斯央行这次加息能否发挥作用呢？卢布是否还会继续持续贬值趋势？在正常情况下，600 个基点以上的加息绝对是超大力度的，市场应当会做出反应。遗憾的是，当前可能恰恰不在正常情况下。

首先，2014 年下半年国际原油价格持续下跌，11 月 27 日之后，由于 OPEC 会议决定将维持 3000 万桶/日的配额上限不减产，油价更是加速下跌，超出了市场之前的预料。截至 2014 年 12 月 15 日，Brent 原油价格和 WTI 原油价格分别跌至 61 美元/桶和 55.54 美元/桶，比 2014 年 6 月的年中高点下跌几近一半，到达 5 年最低点（见图 1.11）。近日，沙特阿拉伯石油部部长再次重申不会减产。其战略意图在于通过维持产量放任油价下跌，一方面维护自身市场份额，另一方面试图挤出新的市场进入者——美国的页岩油气企业。应当说，短期内沙特阿拉伯实现这一战略目标的机会并不小，毕竟美国大部分页岩油气企业的盈亏平衡线在 60~90 美元，而沙特阿拉伯部分油企的生产成本甚至低于 10 美元。这一战略从长期来看不论对 OPEC 国家还是对俄罗斯都是好的，但在短期有成本。而且对于俄罗斯、委内瑞拉等国家而言，这一短期成本很可能是难以承受之重。

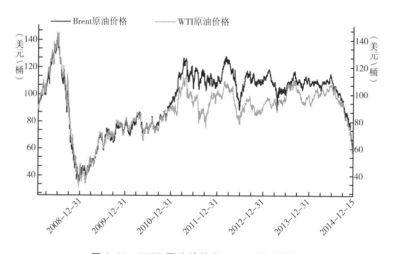

图 1.11　WTI 原油价格和 Brent 原油价格

资料来源：Wind。

其次，乌克兰危机之后，美欧等西方国家对俄罗斯进行了经济制裁。近日，美国国会已通过法案，决定对俄罗斯发起新一轮制裁。尽管奥巴马总统曾表示不一定会签署该制裁法案，德国总理默克尔也表示即将召开的欧盟峰会不会决定对俄罗斯采取新制裁措施，但其本意在于希望俄罗斯也能够做出让步，而非单边承诺不施加制裁。实际的情况是，俄罗斯和美欧之间关于乌克兰问题的对抗还远未结束，随时都有升级的可能。

最后，美国经济复苏趋稳，退出量化宽松之后美联储的货币政策将逐步恢复正常化。目前市场的预期是美联储将于2015年第二季度之前加息。如果美国经济复苏趋势和加息预期得到进一步确认，这对于国际原油价格和卢布而言，就又多了一层负面影响。

事实上，从2014年初开始俄罗斯央行已6次加息。最后一次是2014年12月11日，加息100个基点。除了加息外，俄罗斯还动用了超过800亿美元外汇储备在外汇市场上进行直接干预。但国内物价数据和国际金融市场汇价的走势都表明，这些政策举措对于遏制通货膨胀和卢布贬值都收效甚微。卢布继续贬值，通货膨胀率继续上升。因为在上述三层因素的综合作用下，货币政策几乎是失效的，俄罗斯央行基本上也只能扮演"裱糊匠"的角色，无法对实体经济和国际金融市场有根本性的影响。根据世界银行的估计，要使俄罗斯经济避免衰退，2015年平均国际油价需要在85美元/桶之上。现在看来，这种情况发生的概率极小。

那么，卢布贬值和俄罗斯经济恶化对中国经济有什么影响呢？这可能是中国企业和政策当局最为关心的问题。

短期内，油价下跌和卢布贬值会使得俄罗斯在经济上更加依赖中国，西方世界的制裁使得俄罗斯在政治和外交上更加依赖中国，中国可以从中获益。另外，卢布贬值会负面影响中国对俄罗斯的出口，但考虑到对俄出口占中国总出口的份额很小，这一渠道的影响并不显著。

笔者认为，如果俄罗斯经济进一步恶化，中国面临的一个更棘手的问题在于：是否要伸出援助之手？由于原油价格下跌和国际制裁的双重压力，俄罗斯经济受到重创，卢布大幅贬值，资本外流和通货膨胀的风险加大。俄罗斯现在急需外部支援。而在当前国际政治经济格局下，最可能也最有能力伸出援手的就是中国。

"金砖国家应急储备安排"刚刚建成不久，中国和俄罗斯之间也签署了其他的货币互换协议，那么一旦俄罗斯提出请求，希望通过金砖国家应急储备安排或其他方式得到救援，中国救还是不救？如果救，数百亿美元的救助成本未来能否收回暂且不谈，杯水车薪能否发挥救助效果也值得考量；如果不救，金砖国家合作的积极性将会大打折扣，短期内甚至会搁浅停滞，而未来从冷却到重启的过程将可能是困难而又漫长的。救或不救，成了摆在中国面前的两难选择。

油价暴跌重创俄罗斯经济，
中国救还是不救[*]

俄罗斯是中国石油供应安全网的重要参与者和长期合作者，同时也是中国外交关系中的"全面战略协作伙伴"。油价暴跌对俄罗斯经济的冲击会直接影响中国。本节是上一节的后续，重点探讨中国应该如何应对该事件。

油价下跌和国际制裁使得本已乏力的俄罗斯经济更加雪上加霜。在国内，卢布大幅贬值，通货膨胀高企，资本外流压力巨大；在国外，美国白宫发言人近日表示，总统奥巴马很可能将签署新一轮的对俄制裁法案，德国总理默克尔也声称，对俄罗斯的制裁"仍不可避免"。俄罗斯经济可谓内虚外困。

如果放在 10 年前，这些事件对于中国政府、中国企业以及绝大部分中国人而言或许非常遥远，就像看小说或者看电影一

---

*　本文发表于《新浪财经》2014 年 12 月 19 日。原标题为"应当适度救助俄罗斯的十点考虑"。

样，感觉与自己并不相关。但现在，不得不面对的一个问题是：在俄罗斯内虚外困之际，中国救还是不救？

诚然，这并不是一个有简单答案的问题——救或者不救，各有利弊，而且都不是非黑即白那么明了。笔者认为，出于以下10点考量，救比不救好，适度作为比隔岸观火更有利。中国应当提前研判形势，设计救助预案。

第一，中国是一个大国经济体，对于大国而言，外交战略至关重要。从外交战略的角度来看，中国不应当在俄罗斯经济内虚外困之际隔岸观火，而应当有所作为。在官方的外交表述中，中俄关系被定位为"全面战略协作伙伴关系"，这是最高级别的合作关系。另外，党的十八大之后提出要与周边国家和广大发展中国家建设合作共赢的"命运共同体"，适度救助俄罗斯正是这种"亲、诚、惠、容"外交箴言的实际体现，袖手旁观则可能透支外交信任。

第二，反对救助最重要的一条理由是成本过大，可能无法收回，但现在看来，真实的救助成本是可控的，甚至还可能会产生收益。油价当前是在下跌，卢布仍处于贬值压力之下，但必须注意到，石油作为最重要的能源和大宗商品，尽管价格有涨有跌，但从历史中看大趋势，下跌不是常态（见图1.12）。即便页岩油气革命和新能源技术在长远来看能降低人类对石油的依赖，但在可预见的未来，石油价格有所反弹仍是大概率事件。事实上，在OPEC挤出战略的作用下，新增投资减少的影响不久就会体现在产量上。俄罗斯作为石油和其他多种重要能源资源品的生产大国，尽管其经济在过去20多年中跌宕起伏，但毕竟家里藏着聚宝盆，俄罗斯经济终究会恢复正常。2008年国际金融危机之后的案例可以部分佐证（见图1.13）。

短期的巨大波动和浮亏对于一般商业机构而言难以承担，

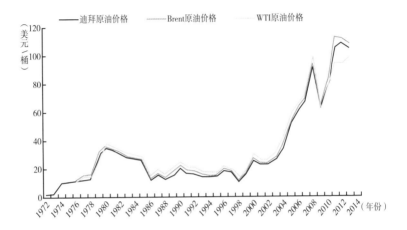

图 1.12　石油价格长期走势（1972~2014 年）

资料来源：BP。

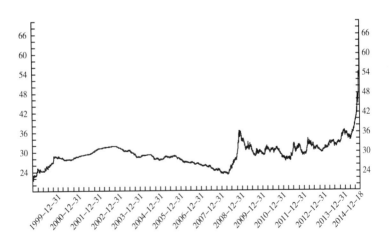

图 1.13　美元兑卢布汇率走势（1999~2014 年）

资料来源：Wind。

但在成本可控的前提下谋划长远，从中国国家利益的角度来看是合理的。当然，救助成本需具体测算，在制定相应计划时需要充分设计保证安全。例如，考虑到未来俄罗斯放任卢布贬值和发生恶性通货膨胀的可能性，在执行货币互换时可以考虑与石油购买合同挂钩等措施予以预防。

第三，增加从俄罗斯的购油合同，看似是为了支援邻国经济，但同时对于我国而言也是在扩充石油储备，还部分起到消化超额低收益外汇储备的作用。民间和公共部门的石油储备是一个国家战略储备的重要构成部分。当前我国的战略石油储备水平远低于发达国家一般标准，而外汇储备则高达 4 万亿元，超出最优水平，且投资收益有限。在油价走低的区间增加购油合同，顺水推舟，不仅支援了邻国经济，而且能将部分外汇储备置换成石油储备，消化部分超额外汇储备，从某种意义上这也相当于起了增加收益的作用。

第四，通过货币互换协议救助俄罗斯的过程，实际上也是推动人民币国际化的过程。双边、多边协议渠道是推进货币国际化的重要渠道。中国已经与很多国家签署了多项货币互换协议，而一旦有信号表明这些协议不能在关键时刻被付诸实施的话，则很可能对今后推进人民币国际化产生负面影响。

第五，2014 年 7 月巴西峰会之后，金砖国家合作正处于蜜月期。而当此俄罗斯经济陷入困境之际，如果中国置之不理，那么金砖国家合作很可能陷入困境，筹建中的金砖国家开发银行也可能短期搁浅。而重新建立共识再启动的过程可能是漫长而困难的。另外，"丝绸之路经济带"等战略构想日后也不可避免地需要俄罗斯的支持。而如果此时适度救助，不仅能够鼓舞金砖国家合作的信心，同时也为今后更广、更深层面的南南合作夯实了基础。

第六，救助俄罗斯实际上也是在支持中国企业。卢布贬值削弱了俄罗斯进口企业的美元或人民币支付能力，而如果货币互换实施，其中的一部分可以被俄罗斯用来增加从中国的进口，加强支付能力。

第七，如果俄罗斯经济长期陷入衰退，也会波及中国及中国经济。而且就世界经济的大格局而言，俄罗斯陷入衰退对中国的影响弊远大于利。

第八，由于国际大宗商品价格的下跌，2014 年我国的贸易顺差和经常项目顺差高于过去几年的平均水平。经常项目的扩大也为救助俄罗斯提供了政策空间。

第九，有观点认为，受美国政治周期的影响，美国会在乌克兰事件的外交政策上揪住不放，因而俄罗斯的苦日子还在后头。但实际上决定俄罗斯经济走向的关键因素并不在于制裁等外在因素，而在于石油价格和内部经济。美国政治周期对俄罗斯的影响不宜被高估，据此反对救助，理由不够坚实。

第十，即便认同"外交上没有永远的朋友"并认为今日的援助不一定会种下日后的感恩，但上述理由中的绝大部分都并不依赖对方的感恩，而是站在我们自己国家利益角度的理性权衡。

综合这些考量，笔者认为，中国应当伸出援助之手，对俄罗斯进行适度救助。而且考虑到市场预期和救助效果，快救比慢救好，主动比被动好。果断、坚决的声音更能向国际金融市场传递信心，成本更小，收益更大。

那么，如果援助俄罗斯，有哪些可能的方式呢？。

其一，最直接的是增加从俄罗斯的石油购买合同。上文已经指出这其实是在用外汇储备置换石油储备，不再赘述。

其二，通过双边货币互换协议。2014 年 10 月，中国和俄罗斯刚刚签署了为期 3 年 1500 亿元人民币/8150 亿卢布的货币互换协议。需要强调的是，这里的"1500 亿元人民币/8150 亿卢布"是按照签约时的汇价 1 元人民币 = 5.43 卢布设定的，当前的汇价是 1 元人民币 = 9.83 卢布，并不意味着中国已经损失了 671 亿元人民币，因为货币互换协议尚未实际动用。如果现在两国政府决定动用货币互换，那么也是按照当前的汇价（1 元人民币 = 9.83 卢布），即中国央行给俄罗斯央行 1500 亿元人民币，与此同时，俄罗斯央行给中国央行 14745 亿卢布（1500 × 9.83 元人民币）。未来，只要人民币兑卢布的汇价不低于 1∶9.83，中国就不会从该项救助中受损。

其三，通过金砖国家应急安排。2014 年 7 月，金砖五国元首在巴西福塔莱萨签署了《关于建立金砖国家应急储备安排的条约》。根据该条约，俄罗斯最大借款额 180 亿美元。关于这一条约，有两点需要澄清。

首先，根据规定，该条约需要五国国内程序都批准后再经过 30 日才生效。笔者在研究过程中查阅了各金砖国家央行和外交部的官方网站，发现没有资料可以证实该条约已经生效。金砖国家应急储备安排条约自签署到现在仅有 5 个月的时间，参照国际惯例，大概率的情况是到目前为止尚未生效。

其次，即便条约已经生效，根据规定，最大借款额中有 70% 与国际货币基金组织的贷款挂钩，只有 30% 是"脱钩"额度。也就是说，即便按照金砖国家应急储备安排，在未获得 IMF 贷款救助的前提下，俄罗斯最多只能从金砖国家应急储备安排中获得 54 亿美元的融资。按照出资比例，其中只有 41% 来自中国。而在美欧制裁俄罗斯的大背景下，IMF 显然不会轻易通过对俄罗斯的援助。也就是说，如果金砖国家应急储备安排生效且执行，中国的救助义务只有 22 亿美元左右。而且这

22 亿美元也是以货币互换的方式按交易当日的市场汇率进行的，如果未来卢布汇率高于执行货币互换交易时的水平，中国还会从救助中受益。

其四，通过增加对俄出口，缓解通胀压力。在卢布贬值的同时，俄罗斯国内也出现了通货膨胀、物价飞涨的情况，一些地方的超市出现了抢购潮，不少生活用品面临短缺。而卢布贬值使得从中国进口货物的俄罗斯企业的美元支付能力或人民币支付能力骤降。中国是服装、家电等生活用品的制造业大国，有能力在这方面提供相应救助。具体的做法有很多，比如，通过进出口银行向对俄出口的中国企业提供适度的政策扶持，通过出口信用保险公司为对俄出口的中国企业提供保障，等等。另外，货币互换协议也能部分起到增加俄罗斯进口企业人民币支付能力的作用，"肥水不流外人田"，这实际上也是在帮助中国出口企业。

其五，除了上述经济方面的援助外，通过参与国际斡旋、发表声明的方式向国际市场传递信心等也是可以考虑的途径。美国国会已经通过了针对俄罗斯的新追加的制裁法案，但总统奥巴马此前曾表示反对进一步制裁俄罗斯，除非欧洲也加入。德国总理默克尔称，"制裁本身过去不是、现在也不是最终目的"，但也强调，如果乌克兰问题得不到有效解决，"制裁仍不可避免"。这表明，尽管当前在西方国家中赞成制裁俄罗斯的声音是主流，但外交总是有回旋余地的。即便最终制裁不可避免，中国也应当择机进行斡旋，因为斡旋过程本身就是有价值的。当然，必须澄清的是，这并不意味着中国同意或支持俄罗斯在乌克兰问题上的立场，因为制裁和经济恶化很可能会恶化俄乌形势，于解决问题无益。

新兴石油之国：格局重塑者[*]

页岩油气革命是进入 21 世纪之后石油行业发生的最重大的事件。美国是页岩油气革命的急先锋和最大受益者。2015 年 9 月 17 日，美国国会众议院能源和电力分委员会投票通过了解除原油出口禁令的"HR-702 号法案"。紧接着在 12 月 18 日，美国国会两院投票通过了解除原油出口禁令的法案。出口禁令解除为美国原油出口打开了大门，也预示着美国距离石油自给自足越来越近。本文的原标题为"从解除原油出口禁令看美国中东战略转向"，意在指出，该事件本身对于国际石油市场的短期影响有限，但长期影响则不容忽视。在本节和下一节中，我们对此进行具体分析。

当全世界都在关注美联储是否会做出加息决定的时候，美国国内事实上还在进行另一项经济政策议题的讨论，而且其重要性可能丝毫不亚于美联储加息，特别是当考虑到其长期影响的时候。

---

* 本文发表于《东方早报·上海经济评论》2015 年 9 月 29 日。原标题为"从解除原油出口禁令看美国中东战略转向"。

2015 年 9 月 17 日，美国国会众议院能源和电力分委员会投票通过了废除原油出口禁令的 "HR-702 号法案"。原油出口禁令是 1975 年美国在石油危机之后为了保障国内石油供应而采取的一项措施。这项议案接下来会被送至众议院和参议院投票表决，如果投票通过并得到总统签署的话，将为未来美国新兴油气产业的扩张和走向国际市场铲除法律障碍。

尽管禁令解除对当下原油市场的短期影响比较有限，却具有堪称标志性的意义——如果说 2014 年下半年石油价格的 "腰斩" 标志着过去 20 多年以来 "资源国 – 生产国 – 消费国" 的世界经济发展模式不可持续，出现拐点的话，那么美国石油出口禁令的解除则极有可能标志着美国将对其中东外交战略进行大调整。

像其他众多历史事件一样，该事件单独拿出来看意义并不见得明显，或许就像是历史长河中一块不太起眼的普通石子。但是如果结合当时的经济政治环境，放在时空脉络中与其他事件结合起来分析的话，就会发现其非同寻常的意义所在。我们不妨来梳理一下过去一年多以来发生的几个相关事件。

第一件事是也门战争。2015 年 3 月 26 日，沙特阿拉伯联合 10 个海湾国家对也门胡塞反对派武装展开了空袭。战争伊始，大部分观察家的判断是，这将会是一场速战速决的战争，认为双方武力对比不成比例，胡塞武装很快会被沙特阿拉伯联军击溃，然后也门局势会恢复稳定。当时，笔者撰写了《三 "圈" 两 "线" 理解也门乱局》一文，阐述了也门乱局背后的复杂地缘政治背景。正如笔者当时预计的那样，也门事态后续的发展超出了大部分观察家的预测，从空袭开始至今已有半年之久，战事仍在升级。至少从目前来看还尚未出现任何迹象能够表明也门乱局会在短期内终结。即便沙特阿拉伯联军退出也门，笔者预计，也门国内的混乱局势仍将持续较长时间。

第二件事是伊朗核谈判。2015 年 7 月 14 日，伊朗与美英法俄中德六国就伊核问题达成全面协议，前后僵持 12 年之久的伊朗核谈问题终于取得了重大阶段性进展。按照该协议，国际社会对伊朗的经济制裁将逐步取消。伊核问题取得历史性进展，非常重要的一个原因是美国态度的转变——多年以来，由于美国的强硬态度，伊朗核问题谈判鲜有进展，而近期美国对伊朗态度出现了明显的缓和迹象。

第三件事是"伊斯兰国"（即"IS 组织"）在叙利亚和伊拉克的迅速扩展。"IS 组织"引发的战乱已经造成了超过 400 万名难民向世界各地寻求庇护，特别是向邻近国家以及欧洲地区。"IS 组织"活动的影响已经不再局限于叙利亚和伊拉克，而大有向中东其他国家扩散之势。例如，上述也门战争中，就不乏"IS 组织"的身影。与此同时，受战火影响的大量难民流离失所，对周边国家的社会稳定也造成了强烈冲击。

第四件事是 2014 年 11 月 27 日，以沙特阿拉伯为首的 OPEC 在油价已经大幅下跌的情况下，仍然坚定地对外宣布将维持原产量 3000 万桶/天不变的决定。沙特阿拉伯等 OPEC 传统石油输出国巨头的意图非常明确，那就是不惜发动价格战也要与北美新兴的页岩油气产业展开竞争，试图将其遏制在萌芽状态。OPEC 的声明一经宣布，国际油价应声继续暴跌。从相关数据来看，国际油价的低迷已经对美国新兴页岩油气产业造成了一定的负面影响，不论从新增投资、产量还是就业来看。

这些事件并不是彼此孤立存在的。传统上，人们乐于分析中东地区政治动荡对于国际原油市场及原油价格造成的影响。比如，也门爆发了战争，是否会影响曼德海峡的石油运输通道？对国际油价可能产生多大的影响？又如"IS 组织"在叙利亚和伊拉克的扩散会不会造成这两个地区石油产量下滑？会不会影响向欧洲的石油运输？而这一次，更重要的分析和启示恰恰来自相反的方向，那就是，石油产业的变化对于中东地区地缘政治甚至对于全球经济政治格局可能产生的影响。笔者认为，在当前特定的时间点上，这一方向的影响要来得更加本质、更加深刻，也更为深远。

美国页岩油气产业的崛起使得美国石油对外依存度降低，这将直接导致过去长期以来形成的全球石油贸易格局出现调整：在需求侧，美国占世界进口的份额会下降，中国和欧洲作为石油买家的地位更为重要，谈判回旋的余地更大了；在供给侧，沙特阿拉伯等 OPEC 国家、俄罗斯以及其他石油输出国也都需要调整自己在国际市场的定位。

更加重要的是，美国石油对外依存度的降低还会促使美国调整其中东战略。而这一调整，可能对中东地缘政治格局带来巨大的不确定性。毫无疑问，上述中东地区的不安定局面固然有宗教方面的原因，不论是也门的乱象，还是"IS组织"的兴风作浪，都直接与教派冲突密切相关，但宗教复杂性远非决定中东地区稳定与动荡的唯一因素，很多时候甚至不是决定性因素。从逻辑上必须注意到，教派冲突是一直存在的，因而地缘政治的动态还需要从其他因素中寻找原因。

如果我们放在大历史的长周期中来看待上述一系列事件的话，就会发现，中东地区的治乱与域外大国有着千丝万缕的联系。"二战"之后，美国和苏联的对立将全球划分为两大阵营，中东地区也不例外，处于两极对立的冷战大体系之中。美苏两国各自通过有形的手和无形的手在中东地区培植势力，打压异己。后来，阿以冲突又一度使美国在中东陷入非常尴尬的境地。紧接着，第一次石油危机给西方社会带来了沉重的打击，形成了经济外交。在此阴影之下，美国不得不在中东地区开始推行务实强硬的外交战略——为了保障美国国内石油供应安全，逐渐实行向沙特阿拉伯一边倒的战略，通过扶持和依靠沙特阿拉伯，一方面维持中东地区的低水平稳定，另一方面保障美国的能源供给安全。而其他一切对该战略形成挑战的因素，都被美国视为反对派，不论是与沙特阿拉伯对立的伊朗，还是后来主动挑起战乱的伊拉克。

应当说，美国 20 世纪 70 代中期之后的中东外交战略是建立在保障国内石油供应安全的大前提之下的。这一前提即便在"9·11 事件"之后的反恐时期也仍然是美国中东战略最重要的基础。但是近年来，新的勘探、开采技术从实验室走向产业应用，美国国内新兴的页岩油气产业方兴未艾，页岩油气革命的兴起将从根本上动摇这一战略前提。设想，如果美国实现了石油自给自足甚至成为石油净输出国，那么它是否还有必要每年花费巨大的军力以及外交资源来维持中东地区的稳定呢？至少继续这样做的激励会大大降低。

2014 年下半年油价的暴跌对于新兴油气产业形成了一定程度的打击，但美国一定会想办法谋求恢复。最近美国国会讨论解除原油出口禁令就是一种尝试。从中长期来看，技术的大规模应用一方面会带来规模效应，造成边际成本下降；另一方面，技术也会在产业应用的过程中不断趋于成熟。因而，美国实现石油自给自足基本已经成为可以预见的事情，甚至在不久的将来还可能会成为石油净出口国。掉过头来看本节开头的话题，为了实现这些利益，美国也一定会解除石油出口禁令，促进新兴页岩油气产业的规模化发展。

一旦美国能源自给自足，甚至成为石油净出口国并在国际石油市场上成为中东国家的竞争者的话，那么它过去 40 多年既定的中东外交战略就一定会发生较大的转变，美国将不再花费巨大的军事、外交资源来主动维持中东地区稳定。事实上，我们从上述一系列事件中已经看到了这样的苗头，比如，在打击"IS 组织"的战斗中，奥巴马总统一再声明，美国不会派出也不应该派出地面部队参与大规模战争，这样做不符合美国的利益。又比如，美国在伊朗核谈问题上态度出现了明显缓和，促成了伊朗核谈在 12 年的漫长蹉跎之后终于取得了历史性的进展；在也门的战争中，美国虽然声明为沙特阿拉伯联军提供武器和情报方面的支持，但是我们看到，它的支持力度是非常有限的，这在一定程度上也导致了沙特阿拉伯联军和也门政府军在战局中的不利。

继续耗费巨大的人力、物力、财力在中东地区已经不再符合美国的国家利益，这一方面是因为保障国内能源供给安全的大前提条件转变了，另一方面是因为美国本土远离中东地区。事实上，20 世纪 70 年代之后，美国的中东战略为全球提供了一种公共品，为国际社会创造了正外部性。即便未来中东局势在一定程度上失控，对美国的负面影响也要相对小得多。最大的成本将由欧洲、中西亚国家以及大量依赖石油进口的中国来承担。

当然，相对于美联储加息而言，放开石油出口禁令以及美国外交战略的转变是一个"慢变量"，对于国际金融市场和世界经济的影响要缓慢得多。但是，不能因为它是慢变量，就忽视它。特别是对于像中国这样正在崛起中的大国而言，我们应当对这些转变保持密切关注，及早设计应对预案。

美国解除原油出口禁令
意味着什么*

> 本节是上一节的姊妹篇，继续探讨页岩油气革命和美国石油出口政策变化的潜在影响。

2015 年 12 月 18 日，美国国会两院投票通过了解除原油出口禁令的法案。这一事件应当说不太有悬念，事实上早在 2015 年 9 月 17 日，美国国会众议院能源和电力分委员会就已经投票通过了解除原油出口禁令的 "HR-702 号法案"。尽管仍有来自炼化企业和消费者的反对声音，但支持解除禁令的呼声则要大得多，而且从美国整体福利的角度而言，解除禁令是利大于弊的。

因而，12 月 18 日的国会投票仅仅是靴子落地而已。靴子落地的声音或许会对国际原油市场特别是给石油价格带来一定冲击，但解除禁令这一因素的影响此前应当已经被市场部分吸收了。而且，考虑到当前极其低迷的油价，即便禁令解除，美国短期内增加原油出口的空间也不大，对国际市场的影响非常

* 本文发表于"FT 中文网"，2015 年 12 月 23 日。

有限。

但是，出口禁令解除预示着新型产油大国正在走上崛起之路，对全球石油行业的长期影响不容忽视，而且由此可能衍生导致国际经济政治关系发生调整。

石油是现代经济中最重要的资源品之一。2014 年中以来石油价格的暴跌一方面是因为全球经济过去 20 多年以来"资源国 – 生产国 – 消费国"的发展模式难以持续，在调整期总需求低迷；另一方面是因为页岩油气技术进步在供给侧的推动。

美国解除原油出口禁令可以看作对 OPEC 在 2014 年底不减产决定以及 2015 年底增产决定的反制。从中长期来看，解除禁令为采油企业扩大生产、争夺海外市场打开了绿灯。技术的大规模应用一方面会带来规模效应，造成边际成本下降；另一方面技术也会在产业应用的过程中不断趋于成熟，双向巩固页岩油气革命的成果。如此一来，美国页岩油气的边际生产成本将会成为影响未来国际油价上限的重要因素。

更进一步考虑，原油出口禁令的解除还是美国走上石油供给自足之路的必要步骤之一。考虑到美国的中东政策与能源安全有密切联系，解除原油出口禁令甚至可以看作美国将对其中东外交战略进行调整的前兆。

1973 年第一次石油危机给西方社会特别是美国带来了沉重的打击。此后，为了保障国内能源供给安全，美国一方面开始禁止原油出口，另一方面开始在中东地区推行务实强硬的外交战略——通过扶持和依靠沙特阿拉伯，在维持中东地区的低水平稳定的同时保障美国的能源供给安全。可以说，美国 20 世纪 70 年代中期之后的中东外交战略是建立在保障国内石油供应安全的大前提之下的。这一前提即便在 "9·11 事件" 之后的反恐时期也仍然是美国中东战略最重要的基础。

　　但是近年来，新的勘探、开采技术从实验室走向产业应用，美国国内新兴的油气产业方兴未艾，页岩油气革命的兴起将从根本上动摇这一战略前提。设想，如果美国实现了石油自给自足甚至成为石油净输出国，那么它是否还有必要每年花费巨大的军力以及外交资源来维持中东地区的稳定呢？至少继续这样做的激励会大大降低。继续耗费巨大的人力、物力、财力在中东地区已经不再符合美国的国家利益，因为保障国内能源供给安全的大前提发生了转变。事实上，从过去一段时间美国在伊朗核谈、也门战争、打击"IS组织"等中东外交上的表现可以看出，美国已经在有意调整其中东外交战略。

　　总而言之，2014年中以来石油价格的暴跌以及现在美国解除原油出口禁令意味着石油行业正在经历一次深刻调整。解除原油出口禁令的短期影响很有限，但是，在全球经济周期和石油行业自身技术变革的共同推动下，过去40年来人们关于石油经济学一些习以为常的认识和观点正在发生变化。

► 石油市场与石油价格：新格局、新趋势

► 油价下跌 ／ OPEC ／ 挤出战略产能周期 ／ 页岩油气革命

在 本书的第二部分"石油市场与石油价格"中，我们着重对石油市场和石油价格波动进行分析。

OPEC 是世界石油市场上重要的参与者。也正因为 OPEC 的存在，世界石油市场明显不同于其他大宗商品市场。不过值得注意的是，近年来 OPEC 面临的市场环境和自身内部的组织治理都发生了微妙的改变。

在国际石油价格大幅下跌的情况下，2014 年 11 月 27 日，OPEC 决定将维持 3000 万桶/日的配额上限，不减产。次日，NYMEX 轻质原油期货价格应声继续下跌，跌至 66.15 美元/桶。至此，国际油价较 6 月 13 日的年中最高点 106.91 美元/桶已经下跌了 38%。乍看上去，OPEC 维持产量不变的举动有点"破罐子破摔"的意味。有观点认为 OPEC 已经默认了其市场势力的下降，放弃了调控国际油价走势的理想。笔者在这次会议之后第一时间发表了题为"OPEC 维持产量决定是'破罐破摔'还是'弃卒保车'？"的文章，提出了相反的观点。2015 年底 OPEC 会议之前，笔者再度撰文，题为"OPEC 会调整石油供给策略吗？"

事态的进展证明了笔者的预判。自 2015 年国际石油价格暴跌超出主要产油国的预期以来，在汇率、财政、宏观经济风险的压力之下，部分 OPEC 国家和以委内瑞拉为代表的非 OPEC 产油国多次发出号召，积极进行国际斡旋，希望通过主要产油国达成限产协议来推动国际油价回升，每隔一段时间就会放出一个烟幕弹，让市场神经紧绷一下，但是，这些努力最后均以失败告终。这是为什么呢？在《国际石油市场没有"供给侧改革"》一文中，我们探讨去产能的经济逻辑，对比石油行业产能过剩与我国煤炭、钢铁、平板玻璃、水泥等行业产能过剩的异同点，分析比较通过市场机制自发调节去产能和通过政策外力干预去产能两种办法。这些讨论不仅有助于理解石油市场和国际油价变动，而且也为国内正在进行的以"三去一降一补"为核心的供给侧结构性改革提供了政策参考。

世界石油市场正在经历一些变化，尽管这些变化在当前来看仍比较微妙，但在长期将会对全球石油市场格局产生至关重要的影响。我们在《三大变化重塑世界石油市场格局》一文中对其进行具体阐释。

始于2014年6月的国际油价暴跌引起了市场参与者和政策制定者的普遍关注。尽管国际石油价格在1986年和2008年也经历过类似的暴跌，但这一轮油价下跌的原因更为复杂，是由多重因素引起和推动的，概括起来大致包括三类：第一类是周期性因素，第二类是结构性因素，第三类是计价货币币值变化的因素。我们在《产能周期、页岩油气革命与国际石油价格走势》中系统地分析论述这一轮油价下跌的原因。这篇文章也构成本部分《石油价格回升趋势不可持续》《油价下跌的潘多拉盒子：这次比2008年复杂》《本轮油价下跌原因的分析及展望》等文章的逻辑出发点。

OPEC 决定是"破罐破摔" 还是"弃卒保车"[*]

石油输出国组织（OPEC）是世界石油市场上重要的参与者。在国际石油价格大幅下跌的情况下，2014 年 11 月 27 日，OPEC 召开会议，决定将维持 3000 万桶／日的配额上限，不减产。受此影响，国际石油价格应声继续下跌。这篇文章写作于 OPEC 会议声明做出的当天并在微信公众号平台发布，随后公开发表于"FT 中文网"。当时有观点认为，OPEC 维持产量不变的举动是"破罐子破摔"，表明 OPEC 已经默认了其市场势力的下降，放弃了调控国际油价走势的理想。对此，笔者提出了相反的观点，结合经济史分析，指出这是 OPEC 的"弃卒保车"之策，目的在于通过维持产量来"挤出"新进入的生产者。后来的事态进展证明了作者的预判。

2014 年 11 月 27 日，OPEC 决定将维持 3000 万桶／日的配额上限，不减产。次日，NYMEX 轻质原油期货价格跌破 70 美

---

* 本书发表于"FT 中文网"，2014 年 12 月 4 日。原标题为"OPEC 不减产意在推进'挤出战略'"。

元/桶至 66. 15 美元/桶。至此，国际油价较 6 月 13 日的年中最
高点 106. 91 美元/桶已经下跌了 38% （见图 2. 1）。原油现货价
格也有类似的跌幅（见图 2. 2）。

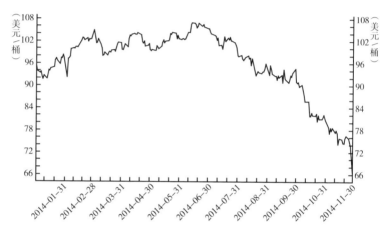

图 2. 1　原油期货价格走势（2014 年 1 月 ~ 2014 年 11 月）

资料来源：Wind。

乍看上去，OPEC 维持产量不变的举动有点"破罐子破摔"
的意味，因而，有观点认为 OPEC 已经默认了自身市场势力
（market power）的下降，放弃了调控国际油价走势的理想。但
实际上，此举实则是 OPEC 为了长期战略利益而部分放弃短期
利益的"弃卒保车"之策。

世界原油市场是一个典型的寡头垄断市场。更准确地讲，
是一个双层寡头市场。2013 年，OPEC、俄罗斯、美国分别占
世界原油产量的 42. 1%、12. 9%、10. 8%[①]，这是寡头市场的

————————

① 资料来源：BP。

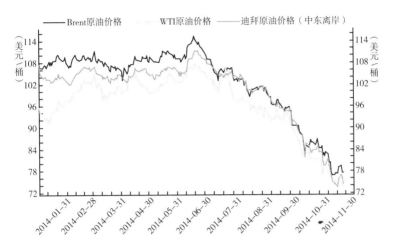

图 2.2 原油现货价格走势（2014 年 1 月 ~ 2014 年 11 月）

资料来源：Wind。

第一层；在 OPEC 内部，12 个成员国构成了寡头市场的第二层（见表 2.1）。OPEC 成员国中份额较大的有沙特阿拉伯、伊朗、阿联酋、伊拉克等国家，占世界原油产量的份额分别为 13.1%、4%、4%、3.7%。其中，沙特阿拉伯话语权最强。

OPEC 成立于 1960 年，其 12 个成员国探明石油储量占全球总储量的 71.9%，成员国年原油产量占全球总产量的 42.1%，对世界原油市场的影响力非同小可。与所有的寡头垄断者一样，OPEC 自建立之日起，就在高价格与高产量之间进行权衡取舍，既希望推高价格，也希望维持自身较高的市场占有率，从而获得垄断利润。

1973 年 10 月，OPEC 通过限制产量获得石油价格主导权，国际油价从 3 美元/桶迅速飙升到 10.65 美元/桶，史称"第一

表 2.1　主要产油国原油产量占世界总产量的份额（2013 年）

国家或组织	原油产量占世界的份额（%）	国家或组织	原油产量占世界的份额（%）	国家或组织	原油产量占世界的份额（%）
OPEC	42.1	科威特	3.7	阿尔及利亚	1.7
沙特阿拉伯	13.1	墨西哥	3.4	哥伦比亚	1.3
俄罗斯	12.9	委内瑞拉	3.3	利比亚	1.1
美国	10.8	尼日利亚	2.7	阿曼	1.1
中国	5.0	巴西	2.7	阿塞拜疆	1.1
加拿大	4.7	安哥拉	2.1	印度尼西亚	1.0
伊朗	4.0	卡塔尔	2.0	印度	1.0
阿联酋	4.0	哈萨克斯坦	2.0	英国	1.0
伊拉克	3.7	挪威	2.0		

资料来源：BP。

次石油危机"。第一次石油危机对当时发达国家经济体造成了沉重的打击。1978 年，伊朗政局发生剧变，紧接着"两伊战争"爆发，国际油价从 13 美元/桶迅速攀升到 1980 年的 34 美元/桶，史称"第二次石油危机"，其中也不乏 OPEC 的作用。

但问题的焦点在于，价格与产量并不是独立的，而是相互影响的。在其他条件不变的情况下，如果想推高价格，就得减少产量；如果想提高产量，价格就会相应降低。2000～2008 年全球金融危机，由于全球石油需求猛增（主要是受中国等新兴市场经济体的带动），OPEC 在小幅增加产量的同时还能将国际油价从 20 美元/桶一路推高到 140 美元/桶。但这毕竟是在极特殊的世界经济繁荣周期下发生的。当前，世界经济尚未从金融危机的阴霾中完全复苏，对石油需求的增长并不旺盛（见图 2.3）。于是，"保价格"还是"保市场份额"成为 OPEC 必须做出的权衡取舍。2014 年 11 月 27 日的决定表明，OPEC 最终在保价格和保市场份额两个目标中选择了后者。

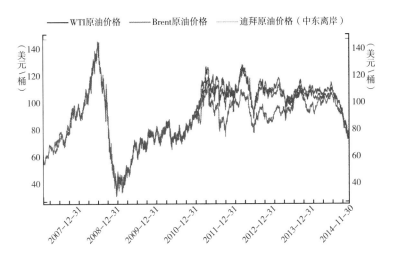

图 2.3　金融危机之后的原油价格走势（2007 年 1 月 ~ 2014 年 11 月）

资料来源：Wind。

　　在当前世界的原油生产格局下，这是 OPEC 从自身利益出发做出的最优选择。由于供给相对过剩，国际油价对产量的弹性是非对称的，即便 OPEC 做出小幅减产的决定，其对国际原油价格的向上推动作用也极为有限，此其一。而油价维持在现在水平或者小幅上升又会正向激励页岩油气以及其他新能源的生产，从而进一步降低 OPEC 的市场占有率，此其二。而如果 OPEC 维持产量（甚至小幅增加产量），则既可以在短期维持自身的市场份额，又能较大幅度地压低油价，起到遏制甚至挤出页岩油气生产的作用，从而获得中长期利益。

　　那么，OPEC 的这一如意算盘是否能够真正奏效呢？答案并不简单。为回答这一问题，我们有必要先回顾一段历史。

　　这并不是 OPEC 第一次使用"挤出战略"。20 世纪 70 年代，英国北海油田经过大规模的开发，产量迅猛增加，对国际油价产生了向下压力。为了维持高油价，OPEC 主动减产。到 1985 年，OPEC 的石油产量已经由高峰时期的 3000 万桶/日下降到了 1587 万桶/日，缩减了大约一半（见图 2.4）。国际油价的确维持在了高位（见图 2.5），但由于产量骤降，"带头大哥"成了最大的受害者，非 OPEC 国家反而从中渔翁得利。1985 年 12 月，OPEC 终于按捺不住了，宣布要重新拾回市场份额。国际油价应声下跌，从 31.75 美元/桶的高点（1985 年 11 月）一路跌至 10.42 美元/桶（1986 年 3 月）。

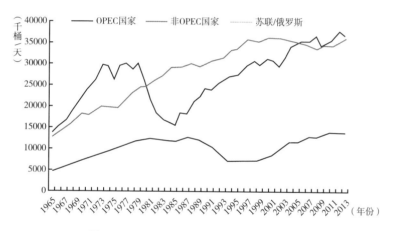

图 2.4　OPEC 国家和非 OPEC 国家的原油
产量（1965～2013 年）

资料来源：BP。

故事到这里，大家或许会认为"带头大哥"不仅丢了市场份额，而且最后油价也跌落到了低谷，这一减一增，不是瞎折腾、赔了夫人又折兵吗？但事情并没有结束，后面的故事才更加精彩。国际油价的走低使得美国大量的石油生产企业不堪重负，接连破产。美国的石油产业受到了巨大打击，在此之后长

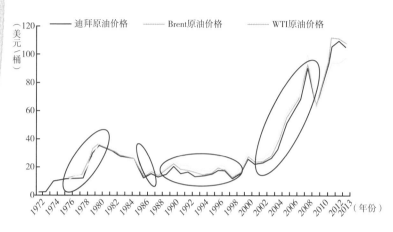

图 2.5 原油年平均价格走势（1972～2013 年）

资料来源：BP。

达 20 多年的时间里，绝对产量下降（见图 2.6），市场份额更是大幅下滑。直到最近所谓的页岩油气革命爆发才开始复苏。而 OPEC 则在之后的一段时间里维持了较高的市场占有率，在后来的油价上升时期收益颇丰。

历史不会重演，但历史又常常惊人地相似。现在看来，OPEC 在 2014 年 11 月 27 日做出的维持产量决定与 1985 年时的情形是多么的相似。当前全球石油市场的过剩供给约为 120 万桶/日，如果希望通过减产来提振油价，那么削减产能的幅度必须要接近甚至高于这一数字。俄罗斯已经表态不会减产，OPEC 当然也不希望自己完全承担这一市场份额的流失。更重要的是，随着页岩气产油量的快速增长，全球石油市场供给过剩的局面会越来越严峻，如果想维持油价，未来就需要不断地减产。这显然是传统的石油生产国都不愿看到的。

OPEC 所做决定的战略意图非常明显，那就是：第一，维

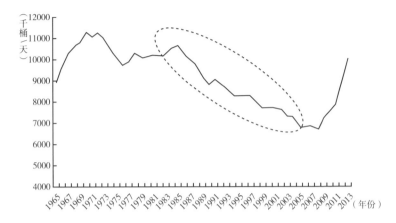

图 2.6　美国的原油产量（1965～2013 年）

资料来源：BP。

持产量，维持成员国整体市场份额；第二，既然不能扭转油价下跌的局面，那么不妨"破罐破摔"，让油价继续下降，从而挤出竞争者。显然，OPEC 从 1985 年前后亲身经历中总结出了一条规律，那就是价格下跌不可怕，但是绝不能让市场份额流失。正可谓应了中国的一句老话——"留得青山在，不怕没柴烧"。

　　分析到这里，局势基本上比较明朗了：①全球原油市场供给相对过剩，价格持续走低；②在页岩油气等新能源的威胁下，传统产油国市场份额面临威胁；③OPEC 将计就计，希望通过维持产量放任油价下跌，试图"挤出"新进入的生产者，特别是美国的页岩油气企业；④但是，传统产油国（包括 OPEC 成员国）的宏观经济状况和采油成本都具有异质性，俄罗斯、委内瑞拉等国很可能并不完全赞同 OPEC 的做法。

　　展望未来，事态发展可能朝着两个方向进行：一是传统产油国内部出现分歧，甚至可能出现 OPEC 联盟瓦解，"挤出战略"失败，原油价格继续下跌；二是沙特阿拉伯等富国利用转移支付等手段摆平了传统产油国内部的分歧，价格在短期内下降，页岩油气企业不足以维持高成本，"页岩油气革命"搁浅，传统产油国重拾市场势力，油价由降转升。

我们认为，更可能的情况是介于上述两种极端情况之间的一条中间道路：短期内，OPEC 中的富国努力处置内部分歧，艰难地推进"挤出战略"，油价继续走低，而美国的页岩油气企业减少投资、奋力挣扎，财政加大对页岩油气革命的支持和技术研发；中短期内，传统生产者和新进入者之间展开拉锯战，市场势力极有可能会压倒新进入者，国际油价转降为升；但在长期来看，技术终将击败市场势力，传统产油国对能源价格的影响力终将下降。

具体到 2015 年，综合美国经济复苏和货币政策正常化、中国经济放缓、页岩油气投资周期等因素的影响，我们认为全球原油市场仍将呈现供给相对过剩的格局，油价在上半年呈下降趋势，击穿页岩油气企业的平均生产成本并维持一段时间……降为升。

那么，OPEC 这一举动的影响如何呢？简单地……斯是最不愿意看到这一举动的；美国页岩油气企业或……得有点出乎意料，正在加紧应对；中国从短期来看当……大的受益者，但也不应过于乐观，因为事态发展基本处……控制之外，如果未来不有所作为的话，现在占便宜由别……将来吃亏还是由别人决定。

油价下跌的潘多拉盒子：这次
比 2008 年复杂[*]

始于 2014 年 6 月的国际油价下行周期是石油经济史上
的一个大事件，也是近年来世界宏观经济中的一个大事件，
值得再三深入研判分析。2014 年 11 月 27 日举行的 OPEC
会议是这一轮油价下跌周期中的一个里程碑。在此之前，
供需基本面因素起主导作用，在此之后的一段时期，产油
国策略和市场情绪的影响加大。我们对比 2008 年全球金融
危机之后的石油价格走势，指出本轮下行周期比 2008 年的
情况更为复杂。同时，石油价格下跌对中国经济的影响也
在复杂化。

如果说 2014 年 6～11 月这段时间油价下跌的主要原因是供
需基本面调整，尚属正常情况的话，那么 11 月 27 日之后局势
的发展显然已经超出了绝大部分人的预料。11 月 27 日，OPEC
决定将维持 3000 万桶/日的配额上限，不减产。紧接着，国际

* 本文发表于"FT 中文网"，2014 年 12 月 17 日。原标题为"油价暴跌，打开
的潘多拉盒子"。

原油价格开始暴跌，该轮油价下跌的幅度之大很可能足以与 2008 年全球金融危机爆发后的油价下跌相"媲美"。12 月 15 日 Brent 原油和 WTI 原油现货价格分别跌至 61 美元/桶和 55.54 美元/桶。至此，国际原油价格已跌至 5 年最低点，比当年 6 月的年中高点下跌几近一半（见图 2.7）。

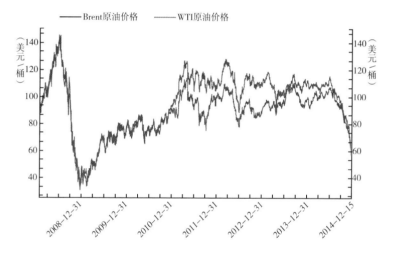

图 2.7　WTI 原油和 Brent 原油价格走势（2008～2014 年）

资料来源：Wind。

不仅如此，当前这一轮油价下跌的经济政治背景甚至比 2008 年还要复杂得多。

首先，2008 年油价下跌的原因相对比较单一，即全球经济在金融危机爆发之后普遍面临衰退或加速下降风险，对石油的需求下降。而当前世界主要经济体的景气度则呈现明显的分化格局——美国经济复苏暂时趋稳；欧洲和日本经济仍在苦苦挣扎，面临不确定性；中国经济在"三期叠加"的压力下增长动能不足，面临增速下行和通缩双重压力；其他大部分新兴市场经济体也面临或已经暴露巨大风险。

其次，供给方面，2008 年之前全球原油供给的格局是比较简单的，以 OPEC 国家、俄罗斯、非洲等传统的石油输出国和地区为主；而由于页岩油气革命的兴起，接下来几年出现了大量的新进入者以及潜在的进入者。如果说在此之前国际原油市场的主要矛盾是供给与需求之间的矛盾的话，那么在此之后，传统生产者日益感受到来自新进入者的威胁，国际原油市场的主要矛盾有向供给内部不同类别生产者之间的矛盾转化的趋势。

最后，2008 年金融危机之后，全球的政策环境是比较一致的，主要国家之间的协作大于对抗；而当前，不仅大国之间的宏观经济政策出现了分流，而且由于乌克兰发生的事件，美欧阵营和俄罗斯的对抗关系持续升级。

沙特阿拉伯及 OPEC 的最初动机基本上比较简单，就是为了保住市场份额，另外最好还能部分挤出美国的页岩油气企业。应当说，沙特阿拉伯实现这一战略目标的机会并不小，毕竟美国大部分页岩油气企业的盈亏平衡线在 60 ~ 90 美元，而沙特阿拉伯部分油企的生产成本则要低得多。这一战略从长期来看不论对 OPEC 还是对俄罗斯都是好的，但在短期有成本。而对于俄罗斯、委内瑞拉等国家而言，这一短期成本很可能是难以承受之重。

潘多拉盒子一旦打开，之后发生的事情就很难控制了，即便是那个最初打开盒子的人也不见得就能轻易再将盒子关上。近日，卢布盘中贬值15%，从 2014 年初开始算，卢布已累计贬值将近一半。尽管俄罗斯央行已多次大幅加息，并动用外汇储备在外汇市场上进行干预，但几乎没有显现效果。

在上文中，我们曾将主要关联方的位势简单概括为：沙特阿拉伯出其不意；俄罗斯很生气；美国觉得有点出乎意料，很头疼；中国从短期来看当然是最大的受益者，可以偷着乐。短短 10 天之后，如果再做类似的简单概括的话：俄罗斯现在不仅很难受，而且已经受到重创，手忙脚乱；沙特阿拉伯看似气定神闲，再度重申不减产，但 OPEC 内部能否继续保持团结面临着更大的不确定性，"不怕虎一样的对手，只怕猪一样的队友"，这或许是沙特挤出战略制定者现在最大的感慨；与此相反，美国或许可以略松一口气，因为如果俄罗斯的经济形势继续恶化，OPEC 挤出战略半途而废的可能性增大，而且毕竟美国现在还是石油净进口国，油价下跌在短期对美国整体的影响仍然是利略大于弊的，但美国的页岩油气企业面临的警报尚未解除，仍需密切关注国际油价走势。

与此同时，石油价格继续下跌对中国经济的影响也开始复杂化。

第一，在短期，石油价格继续下跌对增长和物价这两个最重要的宏观经济变量都将产生较大影响。对于增长而言，油价下跌会使得大部分企业原材料或中间产品的成本降低，同时也会通过收入效应增加经济中对其他产品的总需求。另外，中国企业和官方部门也可以在油价低迷期择时扩充原油储备。

对于物价而言，2014 年 9 月和 10 月的 CPI 同比降至 1.6%，11 月进一步下降到 1.4%；PPI 指标更是长达 32 个月维持在负增长，而且 2014 年下半年降幅一直在扩大。基本可以判断，中国经济已经进入了通缩区间。对于一个发展中经济体而言，通货紧缩的危害是远大于通货膨胀的。如果这一态势继续发展，货币政策当局就需要考虑及时调整货币政策予以应对。但整体而言，中国的石油对外依存度已超过 58%，中国可以说是油价下跌最大的受益者。

第二，必须指出的是，油价下跌对中国经济的影响是结构性的。大部分居民和企业从中受益了，但也有部分人从中受损。例如，新能源和新能源企业的竞争力会因油价下跌而受到负面影响，包括风电、太阳能企业，国内正在进行勘探研发、准备进军页岩油气领域的企业，等等。如果油价下跌的趋势继续蔓延，这些企业中的一部分很可能面临倒闭的风险。另外，油价下跌使得新能源汽车相对于传统汽车的吸引力也有所下降。

与此相关的一个问题是，推广新能源和清洁能源的使用是几年来政府大力推动的政策，那么现在油价下跌了，对新能源的需求没那么急迫了，之前的政策要不要延续？是否随着短期依赖的减小要降低对相关领域的政策扶持力度？当下是最考验政策定力的时候，也是最考验政策制定和执行机制科学与否、可靠与否的时候。笔者认为，绝不能让油价的暂时下跌影响对新能源的激励甚至逆转之前推广清洁能源的政策。恰恰相反，应当利用好现在绝佳的机遇期，运用财政转移支付手段，将油价下跌带来的宏观经济福利改进部分地转向对新能源的政策支持，加强居民和企业使用新能源的激励，加强对新能源企业研发的激励。因为从中长期来看，当前原油价格下跌的趋势是不可能永远持续的，终将走向常态。应该在阳光灿烂的时候修屋顶，未雨绸缪，而不是等到下雨漏水的时候再修。事实上，国家发改委已经于 2014 年 11 月 28 日调高了成品油消费税税率，这部分新增加的税收收入将用来治理环境污染和鼓励新能源汽车发展。

第三，国际原油价格继续保持下跌态势，还将给中国带来另外一个棘手的问题。由于原油价格下跌和国际制裁的双重压力，俄罗斯经济受到重创，卢布大幅贬值，资本外流和通货膨胀的风险加大。俄罗斯急需外部支援。而在当前国际政治经济格局下，最可能也最有能力救助俄罗斯的就是中国。"金砖国家应急储备安排"刚刚建成不久，中国和俄罗斯之间也签署了其他的货币互换协议，那么一旦俄罗斯提出请求，希望通过金砖国家应急储备安排或其他方式得到救援，中国是否要伸手救援呢？救还是不救，就成了摆在金砖国家面前的两难选择：如果救，成本可能是巨大的，未来能否收回暂且不谈，杯水车薪能否发挥救助效果也值得考量；如果不救，金砖国家合作的积极性将会大打折扣，短期内甚至会搁浅停滞，而未来从冷却到重启的过程必然困难而又漫长。

本轮油价下跌原因的分析及展望[*]

　　接下来两篇文章可以看作一个系列，先后写作于 2015 年 1 月初和 5 月初，分别站在年初和年中的时点上对当时的国际石油市场形势进行分析，并对接下来一段时期的油价走势进行预判。对照事后的情况可以看出，市场表现基本验证了作者当初的预判。更重要的是，授人以鱼不如授人以渔，这两篇文章中提出的分析方法还为读者理解和预判国际石油价格走势提供了一个可供借鉴的简明框架。

　　石油是现代经济中最重要的能源品之一，石油价格也犹如过山车般，几乎每时每刻都在变动。国际油价自 2014 年下半年以来一路走低。Brent 原油价格从最高点 116.8 美元/桶下跌到了 51.3 美元/桶，跌幅超过一半（见图 2.8）。近期，纽约原油期货主力合约价更是跌穿 50 美元/桶大关。本轮国际油价下跌速度之快、幅度之大，甚至与 2008 年金融危机之后的下跌期不相上下。

　　那么，2014 年下半年以来国际石油价格为什么会下跌呢？笔者认为，主要有如下五个方面原因。

---

　　* 本文发表于《新浪财经》2015 年 1 月 7 日。原标题为 "2015 年上半年油价下行压力仍然较大"。

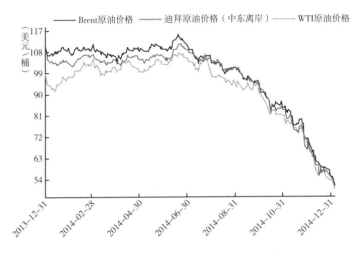

图 2.8   国际原油价格走势（2013~2014 年）

资料来源：Wind。

第一，从需求面来看，全球经济增长乏力，对石油的增量需求低迷。长期以来，中国是石油增量需求的最大贡献者，而当前中国经济增长动能与以往相比明显不足。欧洲、日本经济依然在衰退的阴影中徘徊，大部分新兴市场经济体面临宏观经济风险。在全球经济低迷的大背景下，对石油这一主要能源品的增量需求自然极为有限。根据国际能源署的最新预测，2015年的全球石油增量需求已经被下调至 90 万桶/天，总需求下调至 9330 万桶/天。

第二，从供给面来看，全球石油产能不断积累，短期产量超预期增加。近年来，以美国页岩油气企业为代表的新兴产油企业的进入大大增加了全球石油供给。另外，市场对伊拉克、利比亚等产油国地缘政治的负面影响过度高估。后来的实际情况表明，这些地区石油产量受到的影响远低于预期。需求低迷和供给增加是造成石油价格下跌的最主要因素。2014 年 11 月，全球原油总产量是 9410 万桶/天，如果主要产油国不减产，未来全球原油产量还将呈增加态势。同时，由于供给大于需求，石油库存不断增加。OECD 国家的库存水平已达到两年来的最高点。

第三，除了供需方面的原因之外，美元走强也是推动本轮石油价格下跌的重要因素。自 2014 年下半年以来，美元指数累计上升了 14.6%（见图 2.9）。由于绝大部分原油交易是用美元定价的，当美元走强时，原油价格会相应降低。

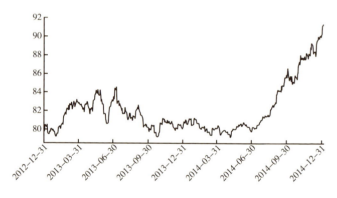

图 2.9　美元指数变化趋势（2012 ~ 2014 年）

资料来源：Wind。

需要补充说明的一点是，2014 年下半年以来几乎所有的大宗商品价格都是下行的（见图 2.10）。不同种类大宗商品的价格走势自然受各自独特因素的影响，如咖啡种植面积的扩大会增加咖啡供给，从而在其他条件不变的情况下降低咖啡价格，但不会影响石油等其他大宗商品的价格。而有一些系统性的因素会同时影响所有大宗商品，例如，全球经济下行时，各类大

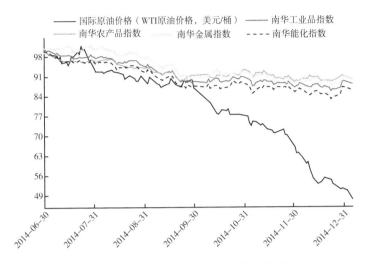

图 2.10　石油与其他大宗商品价格走势对比
（2014 年 6 月 ~ 2014 年 12 月）

资料来源：Wind。

宗商品的需求都会减少；美元走强时，美元计价的各类大宗商品的价格都会走低；等等。2014 年下半年以来，主要大宗商品价格平均下降了 12%，石油价格下降了一半。可以认为，系统性因素能够解释本轮石油价格下跌的 1/5 ~ 1/4，其余的部分是受国际石油市场的独特因素的影响。

　　第四，主要产油国之间的战略博弈。世界原油市场是一个典型的双层寡头市场。2013 年，OPEC、俄罗斯、美国分别占世界原油产量的 42.1%、12.9%、10.8%，这是寡头市场的第一层；在 OPEC 内部，12 个成员国构成了寡头市场的第二层。

　　2014 年 11 月 27 日，OPEC 做出不减产决定。以该事件为标志，传统产油国开始实施挤出战略，通过维持产量一方面想要保持自身的市场份额在短期不受侵蚀，另一方面希望将价格在低水平上维持一段时间从而挤出新进入投资，限制潜在竞争者的进入，维护传统产油国的长期利益。从图 2.10 可以看出，OPEC 宣布不减产决定之后，原油价格进入了加速下跌的区间。石油价格与其他大宗商品价格走势的分化也是在此之后才急速扩大的。

第五，除了上述四点原因之外，还应当注意石油不仅是一种能源、一种初级商品，而且是一种重要的金融投资品。近期的市场动向表明，国际金融市场的投机买卖正在发挥不可忽视的作用。

作为现代经济中最重要的能源品和金融投资品之一，石油的价格涨涨跌跌是常态。在价格每时每刻的不断变化中，有些是短期波动，可以称之为"噪音"，很快会被市场的力量消除，走向均值回归；而有些价格变化则是趋势性的，其背后的推动力量是一些结构性的因素。

正如上文分析的那样，在造成 2014 年下半年国际油价下跌的五个主要因素中，前三个是结构性的，短期内不会发生转变；第四个是战略性的，其影响取决于 OPEC 的内部约束与激励分配；第五个因素是短期的噪音。综合这些考量，我们认为，2015 年上半年油价下行的压力仍然较大，有较大概率将在 45～65 美元/桶徘徊振荡，极端情况下不排除像 2008 年金融危机后那样击穿 40 美元/桶的可能。

石油价格回升趋势不可持续[*]

  本节紧承上一节，写作于 2015 年 5 月初，站在年中的时点上对当时的国际石油市场形势进行综合分析，明确指出 2015 年初的"石油价格回升趋势是不可持续的"。

  2015 年 2 月之后，国际原油价格一转 2014 年下半年以来一路下滑的趋势，开始呈现明显的双向波动行情，振荡幅度加大。进入 3 月下旬之后，国际原油价格持续回升，目前 Brent 原油价格和 WTI 原油价格分别处于 62 美元/桶和 55 美元/桶附近（见图 2.11）。

  随着近期油价的回暖，开始有分析人士认为油价已经从低谷走出，并且很快将冲击并稳定在 70 美元/桶之上。笔者不认同这一观点。我们认为，如果没有极特殊情况发生，Brent 原油价格大概率将继续在 45～65 美元/桶振荡。

  首先，美元是国际石油贸易的主导结算、计价货币。回顾 2014 年下半年以来的油价走势可以发现，国际油价变动和美元指数变动是高度相关的，两者的相关系数高达 -0.92（见图

---

 * 本文发表于《东方早报·上海经济评论》2015 年 5 月 5 日。原标题为"石油价格难言稳步回升"。

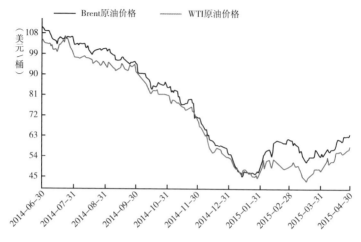

图 2.11　国际石油价格（2014 年 6 月～2015 年 4 月）

资料来源：Wind。

2.12）。具体到 2015 年 2 月以后，美元指数的短期走弱也是导致国际油价回升的最重要因素。但美元短期走弱很可能是 2015 年第一季度的一些季节性因素造成的，尽管美联储的几次货币政策声明依然偏鸽派，但是从边际上看，美国经济在世界主要经济体中是最可圈可点的，加息依然是高悬在全球金融市场上空的一把利剑。调查数据显示，受到认可最多的预期加息时点是 2015 年 9 月。美联储加息不仅会引起美元指数走强，而且极可能对很多新兴市场国家的宏观经济造成负面冲击。尽管预期加息时点与美联储实际政策操作之间的不一致必然引起油价的短期振荡，但一个基本判断是，只要美联储加息这把利剑不落地，原油价格不可能趋势性走强。

　　其次，除了美元因素之外，其他影响油价的主要基本面因素也都不支持油价持续性走强。从需求侧看，欧洲、日本

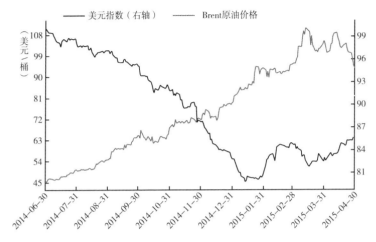

图 2.12　国际石油价格与美元指数（2014 年 6 月 ~ 2015 年 4 月）

资料来源：Wind。

经济依然存在高度的不确定性，中国经济下行压力明显，其他主要新兴市场国家的宏观经济风险加大，全球市场对石油的增量需求仍然低迷。另外，主要国家石油库存处于高位也意味着油价高位运行的基础很不稳固，随时有可能向下振荡。

从供给侧看，虽然沙特阿拉伯联军针对也门胡塞武装的空袭对国际油价的确形成了冲击，但这一冲击仅仅是对战争不确定性预期的过度反应。也门并不是一个很大的产油国，战争对全球原油供给的直接影响非常有限，而且目前看来，也门战事也不会影响曼德海峡的海运航线。如果未来也门战局不扩散到中东其他地区，那就不会对油价形成持续性影响。

当然，超过 3 个季度的低油价对北美页岩油气投资的挤出效应已经开始发挥作用，这部分的供应减少在 2015 年 2 ~ 3 季度可能陆续出现，但页岩油气的供给调整并不能从根本上改变全球原油市场供大于求的格局。

再次，市场情绪也是主导 2015 年 2 月以来油价 N 形振荡走势的重要因素之一。从行为金融学的角度来看，当投资品价格在低位持续了较长时间之后，投资者（特别是投机者）希望其反弹的欲望是普遍存在的。石油价格尤其如此。Brent 原油价格从 2014 年 6 月的 115 美元/桶最高位跌至 2015 年 1 月的 45 美元/桶，WTI 原油价格从 2014 年 6 月的 107 美元/桶最高位跌至 2015 年 1 月的 44 美元/桶，跌幅超过 60%，称其为"腰斩"并不为过。这轮油价下跌的幅度之大、速度之快，甚至有追赶 2008 年金融危机爆发时期之势。因而，原油市场的投资者和投机者急切希望看到波动，急切希望看到价格出现反弹，哪怕仅仅是短暂的反弹——因为价格波动是金融市场的灵魂，没有波动就没有金融，没有赢利机会。尽管市场情绪很重要，但必须注意到，从中长期走势和价格中枢来看，影响油价最根本的因素还是基本面，是供给需求关系。

最后，有两个潜在因素可能对油价形成冲击，值得保持关注。第一个因素是伊朗核谈。伊朗是一个大型产油国。之前由于受到国际制裁的影响，供给能力受到压抑。而一旦伊朗核谈达成目标，增量供给对国际油价形成的向下冲击不可低估。尽管前段时间谈判各方对核谈成果透露出乐观意向，但仍有诸多不确定性。对此，需要密切关注伊朗核谈的进展。第二个因素是中国经济。中国是最大的石油进口国，中国经济走向和石油进口政策也是影响国际油价的重要因素之一。中国经济增速在 2015 第一季度继续下滑，GDP 实际增速仅为 7.0%，降至 2009 年以来的最低点。GDP 平减指数也降为负值，标志着通缩风险的逼近。第二季度经济形势会依然严峻。尽管积极的财政政策和宽松的货币政策在加码推出，但根据历史经验，货币政策发挥效果往往要在 6 ~ 18 个月之后。

综上所述，我们认为，石油价格近期的回升趋势是不可持续的。随着市场上前期积累的做多情绪逐渐消化，油价将向基本面回归；而供需分析显示，全球原油市场供大于求的格局短期难以改变，石油价格将在较长一段时期内维持弱势。

巴黎恐怖袭击事件如何影响
国际石油市场[*]

在一些突发事件发生之后，国际石油市场往往会出现剧烈震荡，如"9·11"事件、克里米亚危机、英国脱欧公投等，更不用说那些直接发生在中东、北非等地产油区的政治军事突发事件。因而，针对特定事件进行快速反应分析就成为石油市场研究者必备的能力之一。本节是巴黎恐怖袭击事件之后作者结合当时世界经济环境和石油市场格局做出的事件分析。

2015 年 11 月 13 日晚，法国首都巴黎遭受了近年来影响最大的一次恐怖袭击事件。那么，这次巴黎恐怖袭击事件会对世界石油市场产生什么影响呢？笔者认为，巴黎恐怖袭击事件对国际石油市场的直接影响非常有限，短暂的震荡很快会恢复，但由其发酵产生的经济政策、国际关系等方面的变动则可能在中长期影响国际石油市场格局和油价。

先来看看直接影响。一方面，恐怖袭击对于欧洲经济的直

---

* 本文发表于"FT中文网"，2015 年 11 月 18 日。

接影响很有限，不会大幅冲击石油需求；另一方面，紧随恐怖袭击事件发生的反恐行动对石油供给影响也不大。在巴黎恐怖袭击事件爆发之后，法国立即以空袭的形式对"IS组织"展开了还击。但从目前的情况来看，这些行动对整个中东地区石油供给的影响并不大。首先，"IS组织"控制的石油产量并不高，与中东石油供给总量相比微乎其微。其次，"IS组织"控制的石油生产主要用于本地区及周边临近区域使用，与外界之间的石油贸易受到限制。最后，除非反恐战事引发了中东地区更大范围的紧张和动荡，否则就不会对国际石油市场产生重大影响，因为叙利亚和伊拉克北部地区在过去一年里一直处于战火之中，其影响已经被国际油价反映。

综上所述，巴黎恐怖袭击事件对国际石油市场不会产生大的直接冲击。但其间接影响不容忽视。

第一，这次巴黎恐怖袭击事件会在一定程度上打击内部和外部经济参与主体对欧洲经济的信心。在2008年金融危机和随之而来的欧债危机之后，欧洲迟迟未能从危机的阴霾中走出来。恐怖袭击带来的悲观情绪可能会加深人们对影响欧洲经济的一些负面因素的担忧，造成对诸如伊斯兰化、民族主义倾向、欧洲一体化进程的不确定性等因素的预期前移，进而影响当下及未来短期的行为决策。这会对消费和投资需求带来负面影响，从而影响石油需求。

第二，恐怖袭击事件不仅会在边际上促进欧元的贬值，而且还会坚定欧洲央行进一步实行宽松货币政策的决心。这两个因素都会导致强美元对石油价格产生向上压力。

第三，如果后续反恐战事升级，那么中东地区的石油供给会承压，从而给油价带来上升压力。我们看到，在正在召开的G20领导人峰会上，西方国家领导人声称要加大对"IS组织"

的打击，将其消灭。但美国是否会调整其中东战略以配合欧洲？西方与俄罗斯之间因乌克兰危机之后的紧张关系能否得以缓解？这些问题都会对人们期待中的新一轮强势反恐形成掣肘。但无论如何，回顾历史是有意义的。2001 年美国"9·11 事件"之后，国际油价经历了短期的下跌，但随着美国的强硬反击在一个月之后开始持续上涨。

第四，如果说以上几个渠道的影响市场已经有一定的预期，影响相对而言比较确定的话，那么最后一个因素则存在非常大的不确定性，那就是 OPEC 的战略决策。年底之前，OPEC 将举行会议，分析全球石油市场形势并就其下一步战略决策做出部署。2014 年 11 月 27 日，OPEC 在国际油价持续下跌的情况下，依然做出了维持 3000 万桶/日配额的不减产决定，从而引发了油价更大幅度的暴跌和持续低迷。那么，今年 OPEC 将做出何种决策，会不会调整策略呢？我们的分析判断发现，可能性是存在的，因为在石油价格持续低迷和财政压力的促使下，加之地缘政治环境的激烈变化，OPEC 成员国之间的内部博弈以及各自面对的外部环境相比于一年之前都发生了巨大的变化。巴黎恐怖袭击直接涉及的 OPEC 成员国只有两个，但其后续演化与伊朗、沙特阿拉伯等几乎所有的 OPEC 中东大国之间都有密不可分的联系。关于 OPEC 决策的展望，我们将在下面做专门论述。

OPEC 不会调整石油供给策略 [*]

　　本节写作于 2015 年末 OPEC 第 168 次会议召开前夕，
逻辑上与《OPEC 决定是"破罐破摔"还是"弃卒保车"》
一文相承接。在会议召开之前的一段时间里，国际石油市
场进入了高度不确定状态，各方参与者和研究者对 OPEC
未来策略的可能变化莫衷一是。本节中，作者通过分析得
出预判：OPEC 在此次会议上不会调整策略，而会继续保
持上一年会议提出的既定做法。几天之后的会议公告证实
了作者的预判。

　　国际石油市场自 2014 年 6 月以来经历了长达一年半的下
跌和低迷，在决定供给需求的基本面因素没有发生太大变化
的情况下，地缘政治因素和 OPEC 策略成为影响未来石油价
格走势最大的不确定性因素。2015 年 12 月 4 日，OPEC 将在
维也纳举行第 168 次会议，会上将就石油市场现状进行讨论
并决定未来半年至一年的石油供给策略。随着这次会议的邻
近，国际市场上与原油相关的交易也进入了一个比较谨慎的

---

　*　本文写作于 OPEC 在 2015 年末召开第 168 次会议前夕，发表于"FT 中文
网"，2015 年 11 月 30 日。原标题为"让 OPEC 提振石油价格有多难？"。

静默期。

2014 年 11 月，OPEC 会议做出了维持 3000 万桶/天的配额上限不变的决定。那么时隔一年，在多数成员国都深受低油价之苦的情况下，OPEC 会继续上一年的策略呢，还是会有所调整？换句话说，OPEC 会不会达成限产协议，通过一致行动来提振石油价格？

首先，根据国际能源署的最新展望数据，2016 年全球的石油需求为 9580 万桶/天，非 OPEC 国家的供给约为 5770 万桶/天。假设 OPEC 天然气凝液产量增加至 680 万桶/天，那么供需平衡点上 OPEC 的原油供给为 3130 万桶/天，高于 OPEC 目前 3000 万桶/天的配额上限。从这个角度看，除非 OPEC 有强烈的意愿抬高油价，否则没有必要对 3000 万桶/天的上限进行调整。

其次，OPEC 是否有强烈的意愿抬高油价呢？直观上看，卖东西的人总希望所卖之物价格越贵越好，OPEC 当然也不例外。但身处市场中的参与者很清楚，意愿取决于能力。尽管世界石油市场是一个双层寡头市场，OPEC 占全球石油总供给的 40% 以上，但是其市场势力是有限的。大量的经济学研究表明，在多数历史时期，OPEC 并非像卡特尔那样行事。这是因为，即便在寡头市场结构下，对市场份额的竞争也是非常激烈的，OPEC 想要提振油价并不容易。特别是在当前的情况下，OPEC 很难做到借助其市场势力来抬高油价获益。

原因一，如果仅在短期减少供给，那么考虑到当前高企的库存，难以起到抬高油价的作用；而如果长期减少供给，那么其份额会被其他产油国抢走。这一困境也是 2014 年底会议上 OPEC 艰难选择了"弃价保额"的主要原因，现在仍然存在。

原因二，考虑到价格弹性，如果仅小幅减少供给，OPEC难以获得收益；而大幅减产的可行性和约束力则都是存疑的。例如，5%的减产即便能引起略高于5%的价格提升，但对于总体上提高石油出口收入来讲效益并不明显，杯水车薪；而20%甚至更大幅度的减产虽然对应的价格弹性会更大，但在目前大多数成员国都面临财政压力的低油价环境下，大幅削减配额协议达成的可能性并不大。

原因三，最大的成员国沙特阿拉伯并没有强烈的意愿来减产提价。沙特阿拉伯占OPEC全部产能的1/3以上，在组织内部拥有很大的话语权。"石油王国"固然在意石油价格的涨跌，但当前最关心的乃是其在中东地区地缘政治格局中的地位，以及与主要域外大国之间的关系。尽管低油价对沙特阿拉伯财政造成了一定影响，但与其他OPEC国家相比，沙特阿拉伯受到的影响相对更小，远未到难以支撑的地步。况且沙特阿拉伯非常清楚，石油是一个周期性产业，只要替代技术尚未大规模商业化，油价早晚会止跌回升，届时依靠丰富低廉的石油储藏，沙特阿拉伯依然是最大的供给方之一，所以大可不必逞一时之意气。因而与区域大国地位和政治稳定相比，提振油价对于沙特阿拉伯而言只是次级目标。

原因四，OPEC内部成员国之间存在利益不一致，集体决策面临困境。有些成员国是希望提振油价的，有些意愿则不是那么强烈。前者以委内瑞拉等外围国家为代表，后者以沙特阿拉伯、阿联酋等海合会国家为代表。两个群体在石油储量、经济发展水平、产业结构等方面差异很大，因而期待的石油政策也不同。即便各方就限产提价达成一致意见，配额分配难题也可能足以让计划搁浅。最简单的做法是各成员国按照比例分摊配额削减任务，但实际上这并不公平，而且因为很难保证所有成员国都激励相容，所以即便达成了协议，也会有人不遵守。这是一个典型的"囚徒困境"问题。尽管不是单次博弈而是重复博弈，但如果沙特阿拉伯无法或者不愿动用惩罚机制作威胁的话，那么就无法确保其他成员国遵守。在历史上，沙特阿拉伯曾经担当大国义务，承担了主要的减产责任，但这一次很难认为它还有能力、有意愿这么做。沙特阿拉伯目前的上策是在欧洲和亚洲维持和扩大市场份额，而不是当"带头大哥"主导风险很大的限产协议来自缚手脚。

最后，研究石油经济历史可以发现：影响 OPEC 行为的因素绝不仅是经济方面的，而且包含政治因素。例如，1973 年"第一次石油危机"是由阿以冲突这一政治原因引起的，阿拉伯国家为了反击西方国家对以色列的支持而开始石油禁运，国际油价从 3 美元/桶迅速飙升到 10.65 美元/桶。"第二次石油危机"背后也不乏政治和国际关系冲突的身影。西方学者在研究这些历史时往往只片面强调石油价格攀升造成的严重经济后果，而很少提及石油价格为什么会迅速上升，阿拉伯国家为什么会进行石油禁运。两次石油危机常常被经济学家看作卡特尔利用市场势力抬高价格并进而损害社会总福利的经典案例，但如下事实被有意无意地忽略了：如果抛开当时特殊的地缘政治冲突和国际环境的话，那么 OPEC 其实很难达成一致行动协议，所谓的石油危机也很难发生。事实上，OPEC 利用的不仅是市场势力，还包括政治宗教势力，而且如果缺失了后者作为前提，OPEC 的市场势力很难起作用。记住这一点对于理解预判 OPEC 当下和未来的战略决策至关重要。当前中东地区正处于地缘政治大变革的时期，但并未出现类似第一次石油危机前夕的政治宗教势力格局。

综上所述，OPEC 更可能做出的决策是维持上一年的表述，而非改弦更张。同时，为了平衡各成员国的利益、维护 OPEC 的团结，还会对部分成员国的配额进行重新分配。当然，考虑到需求在增长，"维持 3000 万桶/天不变"与上一年的"维持 3000 万桶/天不变"的意义并不完全相同。达成限产提价协议是小概率事件，发生的可能性不大。

三大变化重塑世界石油市场格局 *

> 国际石油价格下跌不仅是周期性因素使然，更是深层次结构性因素推动的结果。在本节中，作者提出了世界石油市场正在经历的三大变化：①从供不应求到产能相对过剩；②曾经最重要的国际买方基本实现自给自足；③OPEC卡特尔趋向松散。同时指出，这三点变化正在重塑世界石油市场的新格局。洞察这些变化对于理解和应对石油市场未来的发展态势至关重要。

世界石油市场正在经历一些变化。尽管这些变化在当前来看仍比较细微，但在长期将会对全球石油市场格局产生至关重要的影响。

变化之一：从供不应求到产能相对过剩。

石油市场是一个非常复杂的市场。首先，开采和运输受地缘政治影响较大，甚至地球上可供开采的石油储量本身也在随着技术的发展而变化，因而石油供给存在较大的不确定性。其次，石油需求与宏观经济波动密切相关，同时也受可替代能源

---

* 本文发表于"FT中文网"，2015年7月17日。

的影响。最后，除了实物现货市场外，还存在一个包括期货、期权等衍生产品在内的金融市场，金融市场与实物市场相互作用进一步加深了石油市场的复杂程度。供需的不确定性和金融交易行为使得国际石油价格始终处于波动状态。

根据我们和其他学者的研究发现，在不同的历史时期，由于宏观经济环境和行业环境的不同，在影响国际油价的诸多因素中，发挥主导作用的因素是有所不同的。简单地概括有如下几点。2000 年之前，特别是 20 世纪 70~80 年代，供给侧因素是影响石油价格的主要因素。Hubbert 提出的"石油峰值理论"认为，石油作为一种不可再生资源，其产量会在某一时点达到高峰，然后必然会下降。他在 1953 年曾预测美国本土的石油产量将在 1970 年前后达到峰值，一度引起市场恐慌。在此之后的很长时间里，尽管关于峰值的预测有过多个版本且分歧较大，但"石油峰值理论"始终是人们理解石油市场、制定石油政策的基础性理论。在这一时期，OPEC 作为卡特尔具有极强的市场势力，动辄就能通过供给侧的限制对世界经济产生巨大冲击。其间以 1973 年和 1978 年的两次石油危机的影响最为深远。

进入 21 世纪之后，在中国等新兴市场经济体经济高速增长的带动下，需求侧因素对石油价格的影响越来越受到重视。大量研究表明，需求侧因素对石油价格的影响开始超过了供给侧因素。与此同时，金融市场上投资者的交易行为对于短期油价的影响也越来越不容忽视。大量机构投资者运用石油期货交易来对冲股票等其他市场的投资风险。研究表明，这些金融交易中存在明显的"羊群效应"、反馈交易等非理性交易行为，并加剧了石油价格的波动。

在旺盛需求和金融交易的共同推动下，石油价格从 2000 年的 30 美元/桶一路上升到了 2008 年 7 月金融危机之前的 144 美元/桶（以 Brent 原油价格为例）。在此期间，各产油国也争相增加投资、开足马力扩大产能。金融危机爆发之后，全球经济低迷，石油需求增速放缓。加之页岩油气革命使得美国等地区的石油产量大幅增长，石油市场呈现供大于求的态势，一直以来的卖方市场有向买方市场过渡的倾向。根据国际能源署的预测，2015 年世界石油需求为 9418 万桶/天，减去 OPEC 之外的供给后，净需求比 OPEC 的产能要少 538 万桶/天。由于未来几年需求的增长将持续低于产能的增长，这一数字到 2019 年会扩大到 605 万桶/天。

变化之二：曾经最重要的国际买方基本实现自给自足。

页岩油气革命会增加石油供给，总量上的影响确实存在，更关键的影响在于它将扭转长期以来形成的石油国际贸易格局。20 世纪 70 年代石油危机之后，美国的中东战略很大程度上是围绕石油展开的。它一方面采取各种措施扩大其在中东的影响力，保障能源供应安全；另一方面进行各种尝试谋求减小对中东石油的依赖。这两个策略可以称为美国能源战略的"双股剑"，从尼克松、福特、卡特到里根，再到小布什，尽管民主党和共和党分歧不断，每位总统的施政理念也不尽相同，但在寻求能源独立上是一致的，历届政府都试图加大研发投入，希望有朝一日减小对中东地区石油的依赖，称其为"能源独立运动"并不为过。奥巴马上任后，恰逢页岩油气革命方兴未艾的时期，更是常常鼓吹"能源独立"的口号。

美国过去一直是国际石油市场上最大的买家，一旦基本实现石油自给自足，那么它参与国际贸易的积极性就会大打折扣，原有的国际贸易格局也将被打破，卖家需要搜寻匹配新的买家。另外，美国的中东外交政策也势必会发生转向。事实上，近年来，美国政府在伊朗核谈问题上态度发生明显转变，其背后自然有奥巴马总统希望在任期结束前积累政治遗产的原因，但是更深层次的原因则在于美国对中东石油的依赖度大大降低。未来美国的中东战略很可能由之前一边倒地亲沙特阿拉伯，逐步转向均衡沙特阿拉伯和伊朗势力。

变化之三：OPEC 卡特尔趋向松散。

就国家层面而言，世界原油市场是一个"双层寡头市场"。2013 年，OPEC、俄罗斯、美国分别占世界原油产量的 42.1%、12.9%、10.8%[①]，这是寡头市场的第一层；OPEC 内部的 12 个成员国构成了寡头市场的第二层。OPEC 成员国中份额较大的有沙特阿拉伯、伊朗、阿联酋、伊拉克等国家，占世界原油产量的份额分别为 13.1%、4%、4%、3.7%。OPEC 是一个典型的卡特尔组织，其成员国拥有的已探明石油储量占全球总储量的 71.9%，是石油市场非常重要的力量，但卡特尔内部也并不是铁板一块。当油价高涨时，OPEC 的市场势力很强，各成员国的安全边际都比较高，因而内部协调相对容易。而在油价低迷时，OPEC 的市场势力会减弱，成员国之间的分歧就会不断凸显，协调产量会变得困难。

在 OPEC 内部，沙特阿拉伯话语权最强。正如我们在《OPEC 决定是"破罐破摔"还是"弃卒保车"》一文中提到的，2014 年以来沙特阿拉伯希望引导 OPEC 通过维持产量放任油价下跌，从而挤出新进入的生产者。但由于不同产油国的宏观经济状况和采油成本具有异质性，其成员国不见得完全赞同 OPEC 的做法。另外，挤出战略即便在短期能取得一定成果，但注定是难以长期有效的——只要页岩油气的开采还在继续，技术和投资设备的相对价格在长期就会逐渐下降，从而降低页

---

① 资料来源：BP。

岩油气的开采成本。这是经济学的基本规律。

另外，如果美国在中东的外交政策由一边倒转为均衡策略，伊朗核谈取得实质性进展，那么沙特阿拉伯和伊朗之间的矛盾将会使得 OPEC 内部的协调更为困难。在极端情况下，不排除 OPEC 名存实亡甚至出现分裂的可能。2015 年 3 月开始的也门战事不断扩大，从侧面印证了以沙特阿拉伯为首的逊尼派力量和以伊朗为首的什叶派力量的纠葛随时可能加剧中东地区的地缘政治冲突。

上述三点变化将在很大程度上重塑未来世界石油市场版图，集中体现在如下几个方面。

首先，供需关系的转变将使国际油价失去大幅上涨的动力。2014 年 6 月之后，Brent 原油价格从 115 美元/桶一路跌至 2015 年 1 月的 45 美元/桶，WTI 原油价格从 107 美元/桶跌至 2015 年 1 月的 44 美元/桶，跌幅均超过 60%，可谓"腰斩"。尽管 2015 年 2 月以来有所收复，但继续上涨乏力。整体来看，需求侧因素成为影响油价的主导性因素。当然，不排除供给因素和金融交易行为可能带来短期冲击。

其次，国际石油贸易格局势必出现调整。美国石油对外依存度降低，进口的积极性会下降，中国作为石油买家的地位更为重要，与沙特阿拉伯、俄罗斯以及其他产油国之间回旋的余地更大了。这对中国而言整体上是好事，但也需要注意背后潜藏的风险：一是美国在基本实现能源独立后正在迅速调整其中东战略；二是原有的"石油－美元循环"收缩会对全球金融市场形成冲击。这两个风险点都不容小觑，我们需要及早研判、做出预案。

最后，关于石油定价权。在这一轮石油市场格局调整中，中国相对而言是处于上风的。借助这一有利时机，中国应当力推人民币在国际石油贸易中作为计价和结算货币。中俄石油贸易中尝试使用人民币以及即将推出上海期货交易所原油期货等都是必要的尝试。同时也必须看到，在宏观层面，石油定价权事关国家利益，美国显然不会轻易做出让步；在微观层面，中国企业和投资者对参与国际原油市场还比较缺乏经验，因而这一过程将是漫长的，难免出现波折。推广人民币的石油定价权是一项系统性工程，与资本项目开放、人民币国际化密切相关。现在最大的障碍在于如何建立顺畅的"石油－人民币循环"机制，如果没有足够的可供国际投资者投资的高质量、高流动性的以人民币计价的金融资产，那么"石油－人民币循环"就只能依赖贸易渠道，人民币在石油贸易中的使用也会因此而受限。

页岩油气革命改变国际石油市场微观结构*

　　页岩油气革命正在从根本上影响国际石油市场的微观结构。本节对这一话题进行简要探讨，并在此基础上研判页岩油气革命对石油价格的短期和长期影响。

　　国际石油价格在经历了 2014 年下半年从 115 美元/桶到 45 美元/桶的暴跌之后（以 Brent 原油价格为例），2015 年第一季度短暂反弹到 65 美元/桶附近，随后又一路下跌，2016 年 1 月达到最低点 26 美元/桶。1 月下旬以来，国际油价持续回升，目前已处于 40 美元/桶之上。关于石油价格的未来走势，出现了激烈的争论，对北美页岩油产能的判断成为争论的焦点之一。有观点认为，持续的低油价已经挫败了新兴油气企业产能，因而国际油价会继续上升；也有观点认为，页岩油供给并未受到根本影响，因而油价会像 2015 年一样再次转跌。

　　在具体分析页岩油（以及更广义的致密油）对国际油价的

---

　　* 本文发表于《人民日报》2016 年 5 月 13 日。原标题为"页岩油气，低谷还是低估？"。

影响之前，笔者想特别强调一点，不论是与石油市场历史纵向相比，还是与同时期其他大宗商品市场相比，2014 年 6 月以来这一轮国际石油价格变动都更加复杂，既受到周期性因素的影响，又受到结构性因素的影响，同时还处于主要经济体货币政策不协调的复杂背景之下。换言之，页岩油气革命是这一轮国际油价下跌的原因之一，但不是唯一原因，在某些特定时间段甚至不是主要原因。

例如，过去 4 个月的油价上升主要是由美元币值相对变化加之衍生品市场的投机性操作引起的。美联储议息会议声明明显偏向鸽派，石油期货和期权市场多头头寸增至历史高位。事实上，2016 年以来其他大宗商品领域也出现了明显的价格回升。因此，很难说石油价格回升是页岩油减产或其他石油市场特有的因素造成的。

但这并不是说页岩油气革命不重要。恰恰相反，页岩油气革命的确会给国际石油市场的微观结构带来一些重要改变，这些改变未来将从根本上影响国际石油价格的决定机制。

首先，页岩油气相对于传统油田的投资生产周期缩短、单口钻井产量规模降低，因而供给弹性会变大，生产企业能更灵活地对需求变动做出反应，更快地调整产量。传统油田从做出钻井决策到产出石油需要数年时间，固定资产投资资金需求巨大，而现在对于新兴页岩油气企业而言只需要数周，固定资产投资额小。而且新兴页岩油气企业停产或者关闭单口油井所带来的损失也比传统油田小得多。从而，当需求增加时，生产者可以迅速扩大投资，提高产能，增加市场供给；当需求减少时，生产者能够灵活地关停钻井，减少市场供给。

综合这些因素考虑，在其他条件不变的情况下，石油市场的价格波动会减轻。简而言之，新兴页岩油气企业未来将发挥石油市场"稳定器"的作用，为价格波动提供缓冲。

其次，在应对油价下跌时，传统石油生产企业的做法通常是利用资金雄厚的优势打持久战，"硬抗"。相比之下，新兴页岩油气企业尽管规模和资金远逊于传统巨头，但是更灵活，可以以敌进我退、敌退我进的方式打游击战，这是尾大不掉的传统巨头难以做到的。

事实上，上述特征在本轮油价变动过程中已经初现端倪。随着油价在 2015 年持续处于低位，美国页岩油气企业的投资和生产出现了明显下调，但只要油价适度回调，生产很快就能重新启动，新的投资也会以较快的速度跟进。

最后，对国际油价做一个展望。从短期来看，影响国际油价的最重要因素仍然是美联储货币政策倾向以及美元走向。全球经济增长动力依然疲弱，石油需求难以出现大的调整。从供给端来看，伊朗在开足马力努力增加石油产量，沙特阿拉伯、俄罗斯等传统产油国明争暗斗抢夺市场份额。这些因素决定了国际油价并不具备持续上升的基础。当然，除非美联储货币政策发生突然转向，否则继续下跌的可能性也不大。30 美元/桶的价位按照不变价计算已经低于 20 世纪 90 年代低油价均衡时期的水平。

页岩油气革命的影响更多体现在中长期。在市场竞争的促使下，页岩油气企业也在进行技术改进，实现效率提升和成本削减。尽管短期内产量和投资会因油价处于低位而受限，但潜在生产能力实际上是在不断增强的，随着时间的推移，其对国际石油市场的边际影响将越来越不可忽视。

产能周期、页岩油气革命与国际石油价格走势[*]

通过历史对比可以发现，尽管国际石油价格在 1986 年和 2008 年也经历过类似的暴跌，但是 2014 年中以来油价下跌的成因更为复杂。作者指出，2014 年 6 月以来国际石油价格下跌是在周期性的产能过剩、结构性的技术冲击以及美元币值相对变化三大因素的共同作用下发生的。对国际油价未来走势的展望要建立在对这三大因素深刻理解的基础上。这篇文章是作者对 2014 年中以来国际油价下跌成因的系统性论述。

国际石油价格自 2014 年 6 月以来经历了大幅下跌——Brent 原油价格从最高点的 115 美元/桶一路下跌到 2016 年 1 月的 27 美元/桶，跌幅超过 75%，WTI 原油价格也有近似的跌幅。国际油价的暴跌引起了市场参与者和政策制定者的普遍关注。鉴于石油在经济中作为基础能源和化工原材料的关键性地位，分析油价下跌的原因、预判未来油价走势具有重要意义。

---

* 本文发表于《清华金融评论》2016 年第 3 期。

我们的研究发现，尽管国际石油价格在 1986 年和 2008 年也经历过类似的暴跌，但 2014 年中以来油价下跌的成因更为复杂。这一轮油价下跌是由多重因素引起和推动的，概括起来大致包括三类：第一类是周期性因素，第二类是结构性因素，第三类是计价货币币值变化的因素。

首先来看周期性因素。

石油行业是一个典型的强周期性行业。伴随全球经济的繁荣与萧条，石油行业也会呈现周期性波动。从图 2.13 可以看出，1965～2014 年，全球石油产量增速与全球实际 GDP 增速的相关性高达 0.7。

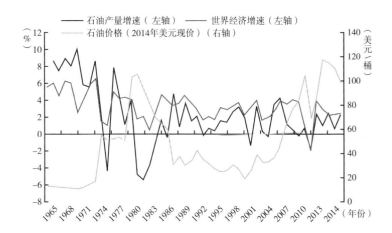

图 2.13　石油产量增速、石油价格与世界经济增速（1965～2014 年）

资料来源：BP、WDI。

第二次世界大战结束之后的石油行业发展可以划分为四个阶段。1946～1972 年是第一个阶段，受当时国际政治经济环境的影响，石油行业处于稳定发展期，名义价格长期维持在 2 美元/桶左右。1973～1986 年是第二个阶段，在第三世界民族独立浪潮的引领下，石油行业格局发生了根本性的变化，发展中国家从国际石油公司手中夺回了更多的决定权，中东地区的地缘政治变局又催生了两次大规模石油危机，国际油价被推升至历史高位。这一时期的石油市场震荡对全球宏观经济产生了深刻的影响，被认为是西方主要发达国家 20 世纪 70 年代 "滞胀" 的主要原因之一。但是油价在 1979 年达到高点后并没有长期持续，而是迅速开始回落。1986 年到 20 世纪末是第三个阶段，这段时期国际石油市场相对比较平和，尽管国际油价也有波动，但再没有出现像 20 世纪 70 年代那样的大震荡。整个 20 世纪 90 年代，国际油价始终未出现显著的增长，油价平均水平仅相当于 20 世纪 80 年代的一半。2000 年之后是第四个阶段，国际油价一路攀升，直到 2008 年金融危机爆发。

石油行业强周期性的一个重要原因是传统石油勘探投资周期长，因而产能扩张通常滞后于需求和价格。在需求变化的带动下，加之预期效应和 "金融加速器" 效应的放大作用，流向石油行业的投资也会呈现明显周期性。而从投资到实现产出之间有时滞，产能周期与需求周期往往难以同步，这加剧了油价变动的复杂性。

例如，20 世纪 90 年代的低油价一方面是 20 世纪 70 年代和 80 年代初石油行业高油价、高投资的结果；另一方面也构成 21 世纪头 10 年油价快速上涨的原因。在油价持续低迷的影响下，20 世纪 90 年代整个石油行业的投资也呈现低迷状态。投资者们把国际油价水平是否达到 18～20 美元/桶作为是否投资的决策依据，对于扩大产能比较谨慎，谨防重复 20 世纪 70 年代过度投资的教训。于是，直到 2003 年，OPEC 的产能仍然低于其 1978 年的水平。虽然供给能力在接下来的几年里快速扩张，但仍远远跟不上需求扩张的步伐，从而造成国际油价持续攀升，在 2008 年金融危机之前甚至超过 140 美元/桶。金融危机爆发后国际油价大幅下跌，但很快又恢复至高位。2010 年到 2014 年 6 月，Brent 原油价格的中轴线高于 100 美元/桶，WTI 原油价格的中轴线也在 90 美元/桶之上。高油价又催生了高投资，油气公司和产油国纷纷加大勘探开发和投资力度，使得产能扩张在 2010 年和 2014 年出现了两个高峰。尽管接下来全球经济增速已经持续放缓，但前几年的投资已形成生产能力，产能过剩的问题越来越凸显，并最终体现为 2014 年以来的油价暴跌。

石油行业不仅周期性强，而且波动性较大。从图 2.13 中可以看出，1965～2014 年石油产量增速的标准差明显大于全球经济增速的标准差，石油价格的波动幅度更是远远超出一般物价的波动幅度。石油行业之所以表现出如此强的波动性，是因为石油的供给弹性和需求弹性都相对较小，因而当出现供给冲击或需求冲击时，需求方或供给方往往难以快速调整，从而容易造成价格大幅波动。例如，当地缘政治动荡造成局部石油供给中断时，由于需求缺乏弹性，国际油价常常在短期内攀升；当经济危机导致需求减少时，由于供给在短期内难以调整，油价可能会暴跌；当天气原因导致石油需求增加时，供给弹性小会导致油价上升。保持一定的库存水平和空闲产能可以在一定程度上起到缓冲器的作用，减小油价波动，但是无法完全平抑油价波动。具体到最近这一轮油价下跌，尽管全球经济放缓已造成需求增速明显减慢，但前期积累的产能难以迅速压缩，供给侧缺乏弹性，从而导致油价一跌再跌。

总之，周期性因素造成的产能相对过剩是本轮石油价格暴跌的原因之一。

其次来看结构性因素。

除了产能过剩的影响之外，本轮国际油价下跌还有一个特殊的行业背景，即新兴油气资源开采技术的成熟运用，或者说是所谓的"页岩油气革命"。在一定程度上，页岩油气革命的爆发本身也是行业周期推动的结果，得益于 21 世纪前 10 年高油价刺激下的大规模研发投入，同时，国际油价居于高位也使得开采成本仍较高的页岩油气具有商业价值。2007 年，美国的致密油产量仅为 40 万桶/天，到 2014 年这一数字已超过 420 万桶/天[1]，7 年间上升了 10 倍。

虽然页岩油（或者更广义的致密油）目前的产量只占全球原油供给很小一部分，但其给石油行业带来的潜在影响不容忽视。页岩油气革命在长期可能会从根本上改变石油行业传统的供需格局和供给结构。根据国际能源署 2010 年的测算，全球页岩油储量在 5 万亿桶以上，数倍于 1.7 万亿桶的传统石油储量[2]。即便在目前看来这其中具备商业开采价值的只占很小一部分，例如根据美国能源信息署（EIA）的估算，在现有的技术水平下，美国境内可供开采的致密油资源为 590 亿桶[3]，然而一旦油价高于某一临界水平，供给就可能大幅扩张。根据工业革命之后经济史的经验，随着技术在规模化生产中的改进，平均成本往往会迅速降低，这一临界水平也会随之下降。换个角度看，页岩油气革命相当于给石油价格"罩"上了一个上限，当油价水平低于该上限时，巨大的页岩油气储量看似无足轻重，然而一旦油价突破了该上限，那么页岩油气释放的产能就会迅

---

① 资料来源：美国能源信息署，http：//www.eia.gov/tools/faqs/faq.cfm？id =847&t=6。

② 1.7 万亿桶是 BP 截至 2014 年底的统计数字。

③ 资料来源：美国能源信息署，http：//www.eia.gov/energy_ in_ brief/article/shale_ in_ the_ united_ states.cfm。

速将油价水平拉回到上限之下。考虑到投资产出周期，油价的暂时性冲高当然还会出现，但持久性地居于高位将会比较困难。

页岩油气革命带来的预期冲击不仅在总量上影响石油行业，而且还会给传统的石油供给结构带来潜在挑战，使得产油国之间的博弈行为更趋复杂。在页岩油气革命之前，世界石油市场的供给结构在国家层面呈典型的"双层寡头格局"：第一层是 OPEC、美国和俄罗斯，分别占全球石油产量的约 42%、13% 和 11%；第二层是在 OPEC 内部，尽管 OPEC 常在教科书中被视作"卡特尔"的典型案例，但其作为一个组织并不是铁板一块的，不同成员国之间常会出现利益冲突和意见分歧。OPEC 内部最大的成员国是沙特阿拉伯，占全球石油产量的约 13%，除此之外，伊朗、阿联酋、伊拉克、科威特等也是较大的成员国。

页岩油气革命可能会改变上述双层寡头格局，或者说至少存在改变既有格局的潜在可能性。2015 年 12 月 18 日，美国国会两院已经投票通过法案，解除实施长达 40 年的原油出口禁令。客观条件使得 OPEC 不得不采取放弃价格而保持市场份额的策略，主动应对技术冲击挑战。面对 2014 年下半年石油价格的"腰斩"，OPEC 在年底会议上做出了维持 3000 万桶/天的配额上限不变的决定；2015 年国际油价继续下跌，不少成员国出口收入锐减、财政赤字压力加剧，但 OPEC 仍然在年底会议上做出了不减产决定。OPEC 的这一策略又进一步对国际油价产生了向下的压力。而更进一步分析会发现，OPEC 组织 2014 年之后对于成员国的约束力已大大减弱，配额上限可谓形同虚设。总之，传统产油国与新兴油气资源大国之间、OPEC 国家与非 OPEC 传统产油国之间以及 OPEC 内部各成员国之间为争夺市场份额而采取的博弈行为是导致油价快速下跌甚至超调的一个原因。

最后，来看币值变化因素。

美元币值走强也是推动本轮油价下跌的重要原因之一。美元是国际石油贸易中使用的最主要计价货币。如果说某天的国际石油价格为"50 美元/桶"，实际上指的是当天一桶石油对于1 美元的相对价值是 50。从历史数据来看，石油价格的走势与美元币值的强弱呈明显的负相关关系（见图 2.14）。虽然美元币值也是由美国和其他国家的经济基本面决定的，并非外生变量，但因为美元也受美联储货币政策的影响，单独考察美元走势往往能为分析和预测国际油价提供额外信息。

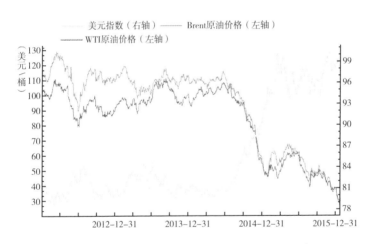

图 2.14 国际石油价格与美元指数（2012 ~ 2015 年）

注：美元指数以 1973 年 3 月的水平为 100。
资料来源：Wind。

2013 年 12 月，美联储决定将从 2014 年起缩减债券购买规模，这标志着美国在为应对金融危机实行了若干轮量化宽松之后，货币政策将逐步恢复常态。市场对美国加息逐渐形成了一致预期。但与此同时欧洲和日本仍在实行量化宽松，大部分新兴市场经济体经济不景气，之后美元指数持续走强，以美元作为计价货币的石油价格则迅速走弱。如果换个视角，用"一篮子货币"来计价的话，2014 年 6 月以来石油价格的跌幅则要小得多。

结论与展望

综上所述，2014 年 6 月以来国际石油价格下跌是在周期性的产能过剩、结构性的技术冲击以及美元币值相对变化三大因素的共同作用下发生的。对国际油价未来走势的展望要建立在对这三类因素深刻理解的基础上。

综合考虑这些因素，我们可以得出如下四点判断。

（1）2016 年将是国际石油价格筑底的一年，尽管朝 20 美元/桶的方向进一步下跌仍然是可能的，但即便出现也应当被视作"超调"而非可长期持续的低水平。事实上，目前 30 美元/桶的价位按照不变价计算已经低于 20 世纪 90 年代低油价均衡时期的水平。

（2）尽管页岩油气革命的现时影响还比较有限，但预期作用和潜在影响不容忽视，这一技术冲击很可能会为国际油价罩上一个上限。

（3）在主要国家经济周期不同步、宏观政策不协调的情况下，美联储货币政策正常化的进程备受争议，前景尚不明确，这为石油价格走势造成了较大的不确定性，但可以确定的是，在全球经济增长尚未出现积极信号之前，国际石油价格难以出现持久的反弹回升。

（4）在产能过剩的局面下，限产一致行动是缺乏约束力的，但考虑到石油出口国财政、汇率和宏观经济状况的不断恶化，需要谨慎关注短期合谋的可能。另外，中东地区地缘政治格局以及域外大国外交战略正在发生调整，新旧格局转换过程也充满了不确定性。合谋限产和地缘政治冲突构成了未来一段时期石油价格最大的风险因素。

国际石油市场没有"供给侧改革"[*]

  面对持续下跌的石油价格,部分产油国积极运作斡旋,先后进行了诸多尝试,以求联合起来,限制产量,收缩供给,抬高油价。但这些尝试均以失败告终。而与此同时,中国经济决策者将"去产能"作为供给侧结构性改革的重要切入点,针对煤炭、钢铁等行业大刀阔斧地展开了去产能化行动。从本质上看,国际石油市场面临的问题与中国煤炭、钢铁行业面临的问题并无二致。由于产品同质化、投资周期长等特点,这些行业往往更容易出现剧烈的周期性波动,在下行期很容易出现较为严重的产能过剩问题。这时,如果能够通过外力打破"囚徒困境",就能起到提升整体福利的效果。

  多哈谈判结束了,所谓的"冻产协议"不出意料地胎死腹中。事实上,自2015年国际石油价格暴跌超出主要产油国的预期以来,在汇率、财政、宏观经济风险的压力之下,部分OPEC国家和以委内瑞拉为代表的非OPEC产油国多次发出号

---

 * 本文发表于"FT中文网",2016年4月22日。

召,积极进行国际斡旋,希望通过主要产油国达成限产协议以推动国际油价回升,每隔一段时间,就会放出一个烟幕弹,让市场神经紧绷一下,但是,这些努力最后均以失败告终。这次23个石油生产国能源高级官员在卡塔尔首都多哈举行的谈判会议也不例外。

国际石油市场没有"供给侧改革"

国际石油市场当前面临的困境并不特殊,是世界经济以往"资源国-生产国-消费国"模式难以持续、从旧均衡向新均衡过渡的过程中出现的一系列问题中的一个。类似的症状和困境在其他国家、其他行业也多有体现。例如,我国的煤炭、钢铁、平板玻璃、水泥等行业,也出现了产能过剩、价格大幅下跌的情况,这些行业中的传统生产企业,很多也面临着赢利能力下滑、债务风险积聚的问题,其中一些甚至出现了现金流难以维系的情况,存在破产清算的风险。

应对产能过剩的办法大体上可以分为两种。一种是通过市场机制自发调节,让过剩产能在市场竞争中被淘汰出清;另一种是通过外力干预来推进去产能化。不妨拿动物机体上出现毒瘤来打比方。第一种办法就像是依靠机体的自身免疫系统去消化毒瘤,第二种办法则像是通过做外科手术来挖出毒瘤。两种办法各有优缺点。但如果毒瘤很严重,通过自身免疫力很难治愈或者需要很长时间,承受巨大创伤,那么做手术就是更好的选择。

针对相关行业的产能过剩问题,我国中央政府果断提出了"去产能"的政策导向。"去产能"是2015年底中央经济工作会议和2016年3月"两会"确立的供给侧结构性改革的重点工作之一，后者在具体的政策实施层面被简化地概括为"三去一降一补"五大任务，即去产能、去库存、去杠杆、降成本、补短板。其中，去产能是五大任务中的第一项任务，也被很多人认为是最棘手的一项任务。

在"去产能"的政策导向下，相关产能过剩的行业和省市相继制定限产目标，制定产能退出计划。根据有关报道，安徽、河北、山西、贵州、吉林、辽宁、山东、河南8省份近期已将各自的钢铁煤炭行业"去产能"方案上报至国务院有关部门，这些省份的"去产能"目标占国家计划的大头。

对于涉及的企业、行业、区域经济而言，"去产能"带来的痛苦可以说如同割肉，用"壮士断腕的决心"来形容并不夸张。有人或许会想，反正产能已经严重过剩，价格持续走低，利润削薄甚至变负，有什么痛的？但需要意识到，即便是割去赘肉或毒瘤，也是一个很痛苦的过程。如果没有行政的外力干预，产能过剩行业的企业很难有主动割肉的勇气。国际石油市场就是一个典型的例子。

"去产能"的要害是打破"囚徒困境"

石油生产国面临着"囚徒困境"——对于任何一个产油国而言，不论其他产油国减产与否，不减产都是最优选择。因而，所谓的"冻产协议"或"限产协议"是很难达成的，即便达成大家也有违约的激励。

"去产能"的要害就是要打破上述"囚徒困境"。只有打破"囚徒困境"，设计激励相容的激励机制，才能让各方愿意遵守协议缩减产量。然而，在石油生产国之间现在并不存在这样的机制。历史上，宗教团结曾被作为打破"囚徒困境"的机制，

"冷战"期间的国际关系也曾被作为打破"囚徒困境"的机制，但现在类似的机制并不存在。产油国之间显然也不存在像我国中央政府那样的经济规划者，通过行政强力去打破"囚徒困境"，实现去产能化。

在经济学理论上，打破"囚徒困境"的另一个机制是通过无限多次重复博弈中的"威胁"。产油国之间的博弈的确是无限多次重复博弈。历史上，沙特阿拉伯作为 OPEC 内部影响力最大的成员国也确实曾以其他成员国无法承受之重的"威胁"来确保各方遵守限产协议，从而打破了"囚徒困境"。但从当前国际经济和政治的现实情况来看，沙特阿拉伯既不具备这样的实力，也不具备这样的意愿。

作为一个大型的石油净进口国，中国当然不必要对"别人的问题"过度担忧，毕竟油价下跌对中国经济整体而言不是坏事。但我们应当以邻为鉴，解决好自己的问题，努力在短期和长期两个层面做好产能过剩行业的去产能化和结构性改革。

产品同质化的行业容易出现"囚徒困境"的原因

仔细对比分析上述提到的几个行业，会发现一个有趣的特点，即这些行业的产品同质化倾向比较严重。尽管在密度、杂质含量等技术指标上存在差异，但整体来看不同产油国供给的石油可以看作同质、标准化的商品。煤炭等其他大宗商品以及水泥、平板玻璃、电解铝等行业也存在类似的情况。

如果一个行业的产品同质化比较严重，那么企业之间的竞争往往就只能通过打"价格战"的方式来进行。沙特阿拉伯生产的石油和俄罗斯生产的石油之间并不像苹果手机和三星手机之间或者宝马汽车和丰田汽车之间那样存在差异性，这决定了石油企业之间不可能以手机或者汽车制造企业那样的方式去竞争。产油国之间是这样，铁矿石、铜、煤炭等大宗商品生产商之间是这样，水泥厂、玻璃厂之间也是这样。因而我们在现实中看到，大宗商品行业的价格波动往往是非常剧烈的，尤其是在下行周期往往会出现暴跌。

政府比市场更有效吗？

面对产能过剩，中国政府选择采用行政手段强推"去产能"。那么一个直接的问题是，政府"去产能"比市场"去产能"更有效吗？煤炭、钢铁、水泥等产能过剩行业存在的核心困境与石油行业当前面临的困境是类似的，即在完全竞争的市场环境下，大家都缺乏激励主动减产，陷入了"囚徒困境"。

经济学理论中反对政府干预的一个常见理由是：市场机制能够识别好企业和坏企业，而政府难以做到这一点。但这一理由在当前的"去产能"过程中并不成立——政府当然很难判断哪家初创企业会成为15年后的阿里巴巴或者谷歌，事实上即便是风投都很难判断，而只能通过风险分散机制来解决这一问题。但值得庆幸的是，判断同质的煤矿或水泥厂中哪一家更加高效还是比较容易的。

市场与政府的关系是现实经济研究中无法回避的一个问题。在大部分情况下，市场是配置资源最有效的途径。但在某些情况下，市场可能会出现失灵，正如上文中我们看到的几个例子。当然，你完全可以反驳说，这并不是市场失灵，只要经过足够长的时间，相对高成本、低效率的企业终归会在市场竞争中被淘汰出清。这是市场原旨主义者常用的理由之一——市场并没有失灵，它只是需要更长的时间。理论上这当然是对的。但问

题在于，就业和债务不一定能等得了那么长的时间，金融市场
投机者、汇率不一定等得了那么长时间，数以千万计的工人及
其家庭不一定等得了那么长的时间。毕竟，在长期，人们都会
死。

相比于思想实验中"完美的市场"而言，行政力量主导的
去产能、去杠杆可能会造成一定的效率损失。但在特定的情况
下，这种选择是优于市场的。因为在真实世界的经济学中，市
场并不完美，至少在一定的时间内并不完美。真实世界中的经
济学不是"比较静态"，我们必须考虑从旧均衡点到新均衡点
之间的过渡期。

当然也可能存在难分伯仲的时候。这时，"去产能"政策
实践的困难已经不在于"效率"，而在于"公平"或"平等"。
如果位于甲省的属于张三的钢铁厂和位于乙省的属于李四的钢
铁厂效率相近，全知全能的社会计划者（social planner）从全
局福利来看并不在意关闭其中的哪一家。但是从公平或平等的
角度而言，这一决策显然含义重大，不论是对于张三或李四而
言，还是对于甲省或乙省的税收和就业而言。所以说，"去产
能"政策的纠结点常常不在于经济学分析，而在于决策者对公
平的拿捏。

页岩油："挤出"后的复活[*]

美国页岩油气产业正在迎来新一轮生产和投资热潮。2016年第四季度以来,主要页岩油田的活跃钻机数都有所增加,而且有信号表明,几大页岩油公司对未来行业景气度的信心开始转向积极,纷纷扩张投资计划并加大开采力度。

从短期来看,两方面因素促成了这一轮生产投资热潮。

第一,共和党候选人特朗普当选下一届美国总统,可能为页岩油气行业创造利好条件。德克萨斯州是美国最重要的页岩油气产区,同时也是长期以来坚定支持共和党的"深红州"。在本次总统选举中,德克萨斯州就是特朗普的一大票仓。同时,特朗普本人在竞选过程中也多次表达了促进页岩油气行业发展的内政和外交政策主张。预计特朗普当选之后会推出有利于本土油气开采的政策,推动美国能源行业发展。另外,特朗普在伊朗、中东等外交问题上的态度也有可能抑制石油进口,促进美国加快实现能源独立。

第二,OPEC 的供给策略很可能即将出现调整。2014 年底,

---

* 本文发表于《人民日报》2016 年 12 月 4 日。

OPEC 在沙特阿拉伯的带领下实施了针对页岩油的"挤出策略"。应当说，这一策略在过去两年取得了一定成效，美国页岩油气行业的生产量以及投融资活跃度出现了一定程度的收缩。2016 年 9 月以来，OPEC 希望利用这一契机，调整供给策略，限制产量，进而推动国际油价上升，从中获利。目前，OPEC 成员国正在就限产的技术性细节进行谈判，决议能否达成仍存在不确定性。限产决议如果达成，短期内将对油价产生提振作用。

OPEC 态度由"挤出"转变为"限产"的原因主要有两方面：一是过去两年多油价低迷对 OPEC 内部传统产油国的经济、财政、货币的运行造成了巨大的负面冲击，它们急需喘息机会；二是 OPEC 及其成员国深知，"挤出策略"不可能长期奏效，想要将页岩油永远排斥在能源市场的大门之外是不可能的，因而必须灵活务实地相机调整自身策略。当然，同理，这次限产协议即便能够达成也是难以持久的。

从长期来看，美国地质调查局（USGS）最近的研究表明，页岩油气行业的潜力比之前预想的要大得多。2016 年 11 月 15 日，美国地质调查局发布报告称，德克萨斯州沃夫坎普（Wolfcamp）页岩油田的估测储量达到 200 亿桶[①]。这一估测值创下了美国有史以来非常规原油储量的最高纪录，几乎是北达科他州贝肯页岩油田估测储量的 3 倍。按照当前的市价计算，大约折合 9000 亿美元。

这一消息无疑为本已活跃起来的美国页岩油气行业"锦上添花"，而且长远来看意义重大。它意味着，原先对于页岩油储

---

① 详见美国地质调查局官方网站：https：//www.usgs.gov/news/usgs - estimates - 20 - billion - barrels - oil - texas - wolfcamp - shale - formation。

量存在低估，即便在已经开采了数十亿桶石油的页岩油产区，仍可能储藏着更多的石油。随着勘探技术和开采技术的发展，页岩油的潜力会被进一步激发出来。美国地质调查局的这一发现将激励更多资金流向页岩油气领域，增大勘探和开采的技术研发力度，加速行业成长。目前美国地质调查局也在对其他几个页岩油气田进行再评估，预计未来可能出现新的突破。

不过需要注意的是，上述数字只是理论估测值，而非真实的探明储量。200亿桶的估测值中既包括在当前技术条件下已探明且可供开发利用的储量，也包括根据地质学理论估计应该存在但尚未探明的储量。因而，不能简单地将这一数字与通常所说的1.7万亿桶全球已探明石油储量或每天9200万桶的产量做对比。换句话说，其一，是否真的存在200亿桶储量尚不确定；其二，即便理论估测值基本可靠，这200亿桶估测储量中的大部分在目前的技术条件和经济环境下尚不具备开发价值。

石油、中国与世界经济

中国是一个石油消费大国，在本书的第三部分中，我们首先介绍中国的石油供给需求平衡情况、进口需求、运输通道等问题，并探讨中国经济对国际石油市场的影响。

石油市场不仅包括现货市场，还包括衍生品市场。国际石油贸易的定价机制同时也是全球货币金融体系的一部分。根据语境的不同，"石油美元"有时指的是石油出口国的收入或者可投资资金，而更多的时候则是指国际贸易和国际金融体系下的一套复杂的制度安排，以及该制度安排下的"美元－石油－美元计价金融资产"循环。我们在《"石油美元"诞生记》和《"石油美元"对中国的启示》两篇文章中探讨"石油美元"的内涵、制度产生的历史背景以及对中国的借鉴意义。

另外，国际石油价格的下跌引起了"石油－美元循环"的收缩。而"石油－美元循环"的收缩恰恰是石油价格下跌影响国际金融市场甚至影响全球经济非常重要的一个渠道。我们在《密切关注"石油美元"循环动态》一文中对此进行分析探讨。

在国际石油市场和中国与世界经济之间相互反观是本书一以贯之的一个思想。《全球经济新格局呈现五个特点》一文总结梳理了当前世界经济的五点新变化，认识这些变化有助于我们理解石油行业的动态；反过来，通过石油行业的动态也能为我们理解判断世界经济走势提供线索和借鉴。在《理解大宗商品市场的"资源国－生产国－消费国"范式》一文中，我们从"资源国－生产国－消费国"的范式出发，分析阐述石油等大宗商品市场的价格变动。

国际石油市场上越来越举足轻重的参与者

中国是一个石油消费大国。石油对于中国经济而言至关重要，中国经济对于世界石油市场而言也举足轻重。中国的能源结构是怎么样的？中国的石油供给和需求结构如何？主要从哪些国家进口石油？中国的石油需求对全球市场有何影响？在本节中我们对这些问题进行简要论述。

尽管中国并不是一个以石油为主要能源的国家，但每年还是会消费大量的石油。2014年，中国经济总共消费了5.2亿吨石油，大约占全球石油总消费量的1/8。这比黄河三天的径流量总和还要多。如果将这些石油全部装进30万吨级的超大型油轮（VLCC）[①]之中，需要3250艘这样的巨型大船，将这些船首尾相接后总长度相当于从上海到北京的距离。

对于像中国这样的大国经济体而言，能源消费结构在很大

[①] 超大型油轮（Very Large Crude Carrier）载重量一般为20~30万吨，能够装运约200万桶原油，全世界有400多艘。30万吨超大型油轮船体总长333.5米。

程度上取决于能源禀赋和能源生产结构。中国煤炭资源丰富，是一个产煤大国，而在 1949 年新中国成立之后却长期是一个"贫油"的国家（见图 3.1）。这决定了中国的能源消费结构是以煤炭为主的。

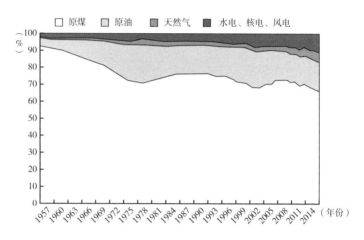

图 3.1　中国一次能源消费结构（1957～2014 年）

资料来源：Wind。

　　尽管煤炭在一次能源消费结构中的占比呈不断下降趋势，但始终占绝对主导地位。到目前为止仍是如此。石油在总能源消费中的相对份额，即便在 1980 年的最高点也仅占一次能源生产总量的 23.8%（见图 3.2）。在此之后，石油在一次能源生产总量中的相对占比持续下降。到 2014 年，石油占一次能源总消费量的 17.4%，作为对比，煤炭占一次能源总消费量的 65.6%。

　　1992 年之前，中国国内石油产量大于消费量，每年有一定的盈余。而在此之后，因为石油消费的增长速度逐渐超过了国内石油产量的增长速度，供需缺口开始不断拉大（见图 3.3）。

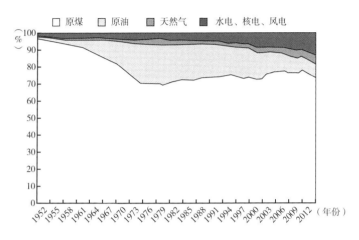

图 3.2　中国一次能源生产结构

资料来源：Wind。

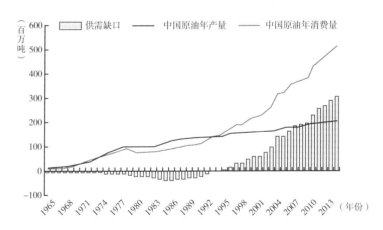

图 3.3　中国历年原油产量和消费量

资料来源：Wind。

1993~2014年，国内石油产量的年平均增速仅为1.84%，而石油消费量的年平均增速则达到了6.25%。消费量增速比产量增速每年快4.4个百分点。

　　到2009年，中国的石油供需缺口达到1.99亿吨。也正是从这一年开始，从国外进口的石油量开始超过国内开采的石油量，成为中国石油供给来源的"大头"。换句话说，从2009年开始，中国的石油对外依存度首次超过50%。到2014年，中国的石油对外依存度已接近60%。同时，中国也已成为仅次于美国的第二大石油进口国，并且在可预见的将来会超过美国成为最大的石油进口国。

石油供需平衡表

　　如此大量的石油最终去了哪里，被谁消费了呢？下面我们以2013年为例，对中国的石油供需平衡拍一张"快照"，以便于我们对中国石油供给需求有一个基本的宏观感知。

　　图3.4的左侧显示的是石油的供给方。按照国家统计局的数据，2013年中国国内总共生产了2.1亿吨石油，另外还从国外进口了3.4亿吨石油，两者加起来一共是5.5亿吨。

　　这5.5亿吨的石油大体上流向了五个方面。

　　一是被居民和企业在生活生产中终端消费了；

　　二是出口到国外；

　　三是在加工转换过程中用于中间消费，如发电、制气过程中的石油消费；

　　四是作为库存被储藏起来；

　　五是运输过程中的损耗。

　　在上述五个去向之中，后面四个去向的相对规模都很有

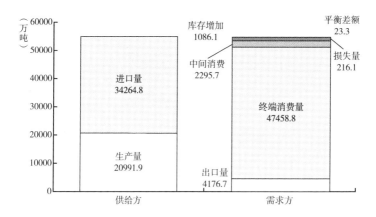

图 3.4 中国的石油平衡表 (2013 年)

资料来源：国家统计局。

限——出口量约为 4177 万吨，中间消费约为 2296 万吨，库存增加 1086 万吨，损失量为 216 万吨，四者加起来相当于总供给量的 14%。其余的 86% 被用于终端消费，总量是 4.7 亿吨。

分行业来看，消费石油最多的两个行业（见图 3.5），第一是交通运输、仓储和邮政业，第二是工业。这两者加起来占全部石油消费量的 73%。另外，居民生活消费占 10%，建筑业占 6%。

中国从哪些国家进口石油

因为存在将近 60% 的石油供需缺口，所以每年中国需要从国外进口大量的石油。根据国家统计局的数据，2013 年，中国共花费了 2197 亿美元用于进口原油 2.8 亿吨，同时花费了 320

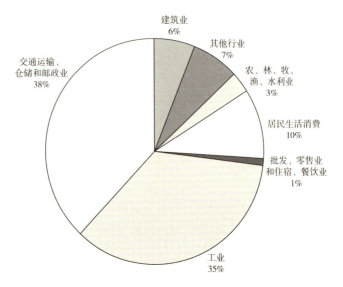

图 3.5　分行业石油消费占比（2013 年）

资料来源：国家统计局。

亿美元用于进口成品油 0.4 亿吨。这些进口石油广泛来源于中东、非洲、拉丁美洲、俄罗斯和中亚等地区。

2013 年，按照原油进口数量，排在前 10 位的来源国依次是（见图 3.6）：沙特阿拉伯、安哥拉、阿曼、俄罗斯、伊拉克、伊朗、委内瑞拉、哈萨克斯坦、阿联酋、科威特。其中，来自沙特阿拉伯的原油进口占中国进口总量的接近 1/5，安哥拉占 14%，阿曼、俄罗斯、伊拉克和伊朗也分别占总进口量的 8%～9%（见图 3.7）。可见，中国对外石油进口的集中度非常高，84% 的进口石油来自上述 10 个国家。

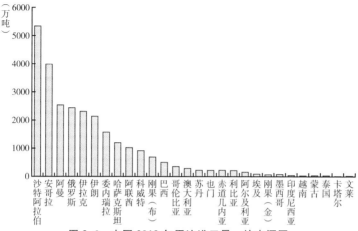

图 3.6　中国 2013 年原油进口量：按来源国

资料来源：Wind。

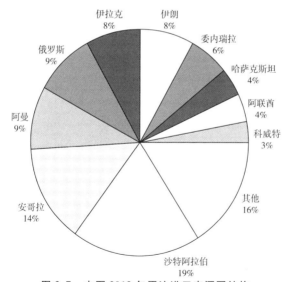

图 3.7　中国 2013 年原油进口来源国结构

资料来源：Wind。

　　当然，上述排名和比例并不是固定不变的。例如，2014年6月之后，受油价大幅下跌的影响，俄罗斯加大了争夺中国石油市场的力度。2016年4月，中国从俄罗斯进口原油同比上升52%至481万吨，俄罗斯成为中国第一大石油进口来源国。而与此同时，从沙特阿拉伯进口原油则同比下降22%至412万吨，该国也从第一大进口来源国降为第二大进口来源国①。

　　换一个角度从产油国的立场来看，有些石油出口国对中国市场的依赖度非常高。例如，刚果（金）和蒙古两国产出的石油中70%出口至中国市场。另外，安哥拉、阿曼、刚果（布）、苏丹、也门等石油产出国对中国市场的依赖度也比较高（见图3.8）。即便是沙特阿拉伯和俄罗斯这样的石油

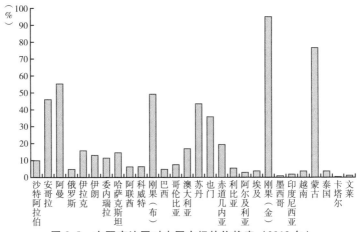

图3.8　主要产油国对中国市场的依赖度（2013年）

　　资料来源：EIA、BP、Wind。其中刚果（金）和蒙古的石油产量资料来源于EIA，其他国家的产量资料来源于BP，中国进口量资料来源于Wind。刚果（金）为估算的近似值。

----

① 资料来源：中国海关。

生产巨头，其对中国市场的依赖度也不低——沙特阿拉伯约1/10的石油总产量出口至中国，俄罗斯约1/5的石油总产量出口至中国。

石油进口通道

进口原油需要通过海运或管道运输抵达中国，其中海运是主体。中国进口石油的海运航线主要有四条。

一是中东航线：产自中东地区的石油由波斯湾穿过霍尔木兹海峡，或由红海穿过亚丁湾，然后经阿拉伯海、印度洋，穿过马六甲海峡至中国。

二是非洲航线：产自安哥拉、刚果（布）、刚果（金）、赤道几内亚等非洲国家的石油绕过好望角，经印度洋，穿过马六甲海峡至中国。

三是拉美航线：产自委内瑞拉、巴西等国家的石油绕过巴拿马运河，然后跨越太平洋抵达中国。

四是东南亚航线：产自澳大利亚以及东南亚国家的石油经太平洋抵达中国。

在以上四条海运航线中，中东航线和非洲航线是主力。因为这两条航线都要经过马六甲海峡，因而马六甲海峡成为中国海上石油运输通道的重要关卡，可谓"咽喉之地"。超过3/4的进口石油需要经过这个狭窄的海峡。所以说，马六甲海峡周边的地缘政治环境直接关系到中国的石油供给安全。

管道运输为海运提供了重要补充。目前，中国依靠管道运输的石油进口路线主要有三条通道。

一是西北油气通道。主要是指中哈（中国–哈萨克斯坦）原油管道。

　　二是东北油气通道。主要是指中俄（中国－俄罗斯）原油管道。

　　三是西南油气通道。主要是指中缅（中国－缅甸）原油管道。

　　部分来自中东和非洲的石油可以从缅甸登陆，然后经由中缅原油管道抵达云南入境。这样不仅缩短了路程，而且能够减轻我国石油供应链安全对马六甲海峡的依赖。

经济增长、 经济波动与石油消耗

　　虽然石油消费量在不断增加，但是中国的经济增长速度比石油消费量增长速度更快（见图3.9），所以整体而言，中国单位 GDP 所消耗的石油量是在持续下降的。

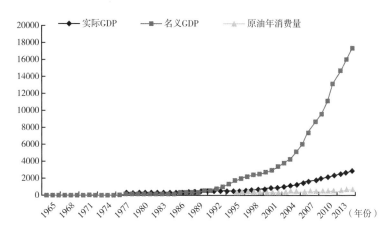

图 3.9　中国经济增速与原油消费增速

注：各指标均以 1978 年为基期（赋值为 100）进行标准化处理。
资料来源：国家统计局、Wind。

从绝对量上来看，1978 年，每 1 亿元 GDP 对应的原油消费量约为 2.5 万吨，到 2014 年下降为 818 吨（见图 3.10）。单位 GDP 石油消费量仅为 1978 年的 1/30。当然，这其中价格因素起了主要作用，因为在这 30 多年间不仅实际产出在增加，整体物价水平也在高速增长，但是即便扣除价格因素之后，2014 年单位 GDP 的石油消费量也降低到了 1978 年的 1/5 左右。

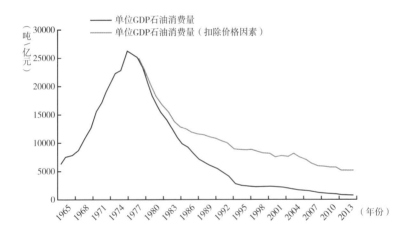

图 3.10　中国单位 GDP 石油消费量

资料来源：国家统计局、Wind。

同时，经济增速与石油消费量增速之间也存在短期波动的同向性（见图 3.11）。当经济繁荣、增长速度较快的时候，石油消费量也增长较快；当经济低迷、增速下行的时候，石油消费量的增速也会相应下降。

图 3.11   中国实际 GDP 增速与原油消费增速

资料来源：国家统计局、Wind。

中国需求对国际石油市场的影响

中国经济的快速增长、对外开放度的不断提高以及与全球市场的双向互动也非常典型地反映在国际石油市场上（见图 3.12）。1965 年，中国在全球石油消费总量中的占比仅为 0.72%，1978 年改革开放之前也不到 3%，但随着改革开放之后经济的持续快速增长，中国石油消费量在全球的占比不断攀升，到 2014 年上升到了 12.35%。也就是说，中国经济消耗了全球约 1/8 的石油。在有些年份，来自中国市场的增量需求超过了全球石油增量需求的一半。考虑到将近 60% 的石油依赖从国外进口，中国毫无疑问已经成为国际石油市场上举足轻重的参与方。

中国石油消费份额不断提高的影响也表现在中国经济景气

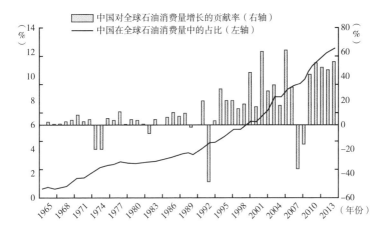

图 3.12 中国对全球石油消费量增长的贡献率

注：1985 年和 1991 年的贡献率为异常值，不在图中显示。图中 1974 年、1975 年、1983 年、1993 年、2008 年和 2009 年 "中国对全球石油消费量增长的贡献率" 为负值并不表示中国对全球石油消费量的真实贡献为负，出现负值的原因在于当年中国石油消费量增长而全球石油消费总量下降。1967 年、1979 年和 1990 年 "中国对全球石油消费量增长的贡献率" 为负值，的确是因为中国当年的石油消费量相比于上一年出现了下降。

资料来源：BP，经作者计算。

程度与国际石油价格波动的相关性上。从图 3.13 可以看出，20世纪 90 年代之后，中国经济增速变动与国际石油价格变动之间的相关性开始不断加强。尽管数据呈现的相关性并非全然是两者之间存在因果关系造成的，但大部分学者和市场分析师通过研究得出的结论为，2002 年到 2008 年金融危机这段时间中国经济的高速增长是造成国际石油价格持续攀升的最重要原因之一。另外，2014 年下半年之后国际油价的持续下跌也与中国经济增速放缓有很大的关系。

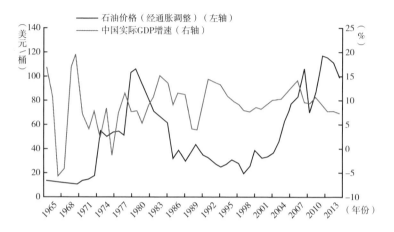

图 3.13　中国经济增速与国际市场石油价格

资料来源：国家统计局、BP。

　　根据 BP 的预测，中国经济对液体燃料（其中 85% 为原油）[①] 的需求将在 2029 年超过美国，成为世界第一大消费国。到 2035 年，全球经济对液体燃料的需求将达到 1.09 亿桶/天，其中，中国为 1800 万桶/天，占全球的 1/6。随着页岩油气生产规模的不断扩大，美国对进口石油的需求将逐渐降低，而中国市场对国际石油贸易的重要性和影响力则会进一步凸显。

---

　　① BP 测算中使用的"液体燃料"概念包括原油、天然气液体产品、生物燃料、油砂、致密油等。其中，原油占 85%。

"石油美元" 诞生记[*]

　　石油市场不仅包括现货贸易市场，还包括金融衍生品市场以及与国际贸易和国际金融相关的一套复杂的制度安排。这套制度安排通常用"石油美元"一词来指代。接下来一组文章是围绕"石油美元"展开的，姑且称之为"石油美元"系列，包括三篇：《"石油美元"诞生记》《"石油美元"对中国的启示》《密切关注"石油美元"循环动态》。在第一篇文章中，我们首先探讨"石油美元"的内涵以及这套制度安排产生的历史背景和意义。

　　"石油美元"这个词初听起来总能给人一种独特的气息。石油是现代经济最重要的能源和基础化工资源，美元是主导世界经济金融体系的国际货币，即便单独看都已霸气十足，放在一起更是平添几分神秘色彩：一方面，仿佛从中东沙漠中冒出来不是黑色的石油，而是绿花花的美元；另一方面，仿佛美国这个历史上长期石油供给不足的国家只用一张张绿颜色的纸就能保障国内能源供给安全，让其他国家望洋兴叹。难怪总有人

---

* 本文发表于《澎湃》2016 年 8 月 10 日。原标题为"石油美元诞生及对中国的启示"。

喜欢将"石油美元"与阴谋论联系起来。

一般而言,"石油美元"是指石油生产国通过出口石油所获得的美元,这是广义概念。狭义的"石油美元"是指石油生产国通过出口石油所获得的美元减去进口支出后剩下的部分,即可被用于投资的资金。

实际上,根据语境的不同,有时候"石油美元"指代的并不是钱或者可投资的资金,而是国际贸易和国际金融体系下的一套复杂的制度安排。抽丝剥茧来看,这套制度安排在早期具有两个内核:①国际石油贸易以美元作为计价和结算货币;②石油生产国出口石油所获得的收入扣除进口开支后主要用来购买美国国债。

这两个制度内核相当于构筑了一个闭合体系。所以"石油美元"一词也常用来指代"美元—石油—美国国债"这一循环过程。时至今日,石油出口国美元盈余的投资流向已经多元化,不再仅限于美国国债;早期的"美元—石油—美国国债"循环也演化为范围更广的"美元—石油—美元计价金融资产"循环。

那么,"石油美元"这一制度安排是如何诞生的呢?

这就要追溯到布雷顿森林体系的崩溃。在第二次世界大战结束前夕的1944年7月,44个同盟国国家的代表团在美国新罕布什尔州的布雷顿森林进行谈判,达成了一系列旨在确立战后国际货币金融体系的协议。这一系列协议所规定的国际货币金融体系后来被称为"布雷顿森林体系"。其核心是:美元与黄金挂钩,其他各国货币与美元挂钩。世界银行、国际货币基金组织也是在那次谈判中确立筹建的。当时也有中国代表团参加了这次多边谈判。

20世纪70年代,布雷顿森林体系难以继续维系。受"特里芬困境"的影响,贸易赤字和财政赤字使得美国无法保证美元与黄金之间的固定比价关系。1971年8月15日,美国总统尼克松宣布美国政府终止履行按照 35 美元 1 盎司的比价向市场兑换黄金的义务。

美元与黄金脱钩成为"二战"结束之后国际货币金融体系最重要的事件,不可避免地对美元的信誉带来负面冲击。为了挽救美元,同时也为保障美国的能源和财政安全,美国政府开始以国际石油贸易作为突破口,寻找解决之策。

以时任美国国务卿亨利·基辛格为首的外交团队首先与沙特阿拉伯王室进行了一系列谈判,并最终在 1974 年达成了协议。协议的主要内容是:一方面,美国向沙特阿拉伯出售军事武器,同时保障沙特阿拉伯国土安全不受以色列侵犯;另一方面,作为回报,沙特阿拉伯所有的石油出口必须全部以美元作为计价和结算货币。

换句话说,沙特阿拉伯在向外国出口石油时,只接受美元。同时,沙特阿拉伯将出口石油获得的美元盈余用来购买美国政府债券。美国和沙特阿拉伯之间的协议为"石油 – 美元循环"的形成初步奠定了制度基础。

由于沙特阿拉伯是最大的石油出口国并在中东地区阿拉伯国家中拥有广泛的号召力,到 1975 年,几乎所有的 OPEC 成员国都开始效仿沙特阿拉伯的做法,成为"石油 – 美元循环"的一部分:一边以美元计价和结算卖出石油,一边将美元所得用来购买美国国债。

从 "黄金美元" 到 "石油美元"

"石油美元"体系的建立不仅增加了国际社会对美元的需求,而且在布雷顿森林体系崩溃之后重塑了美元信誉及其在国际货币金融体系中的地位。从这个意义上讲,"石油美元"体系可以看作布雷顿森林体系的后续,是"黄金美元"体系的一种替代或者补充。当美元不再与黄金挂钩，石油在一定程度上代替黄金，成为美元的信用背书，有助于继续确保美元在国际货币体系中的核心地位。

更重要的是，美国与中东石油出口国达成的石油美元协议不仅与协议双方相关，而且影响了此后整个国际货币金融秩序的演进。一个简单的例子是，其他国家如日本、中国日后如果想要从国际市场上购买石油，就需要首先积攒美元或者从金融市场上借入美元。这就自然而然地导致在石油之外的其他商品的国际贸易中，更多的出口商会选择用美元而非其他货币结算。所以，"石油美元"体系对日后"商品－美元循环"的形成产生了引导作用。

对于美国而言，"石油美元"体系显然比"黄金美元"体系更受欢迎。因为在"石油美元"体系下，发行美元无须以固定比例的黄金作为支撑，美国也无须对外承担按固定比例兑换黄金的义务。

另外，作为"石油美元"体系的一部分，美国有"义务"为中东产油国提供军事保护和武器支持。为了完成这一义务，美国借机扩充了在波斯湾地区的军事实力，包括兴建军事基地、定期巡航、增加驻军等。

"石油美元" 的发展

"石油美元"体系确立之后，有两段历史时期值得特别研究。第一段是 1974～1980 年；第二段是 2000 年到 2014 年上半年。在这两段历史时期，石油价格处于高位，产油国贸易盈余快速积累，"石油美元"成为国际金融市场上重要的增量资金来源，备受关注。1975 以后 OPEC 石油净出口收入见图 3.14。

2014 年中之后，由于国际油价大幅下跌。主要产油国的贸易

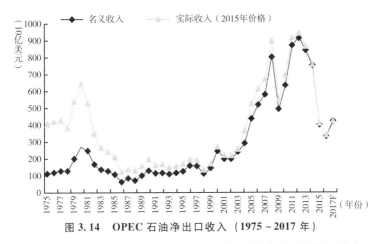

图 3.14　OPEC 石油净出口收入（1975～2017 年）

注：2016 年和 2017 年为预测数字；1994 年之前的数字不包括安哥拉和厄瓜多尔。

资料来源：EIA。

盈余锐减，不少国家甚至不得不动用历史上积累起来的存量"石油美元"来弥补国内财政开支。一时间，"石油－美元循环"收缩成为研判国际金融市场资金流动和资产定价必须考虑的因素之一。

OPEC 国家是"石油美元"的主要持有者。以 OPEC 国家的石油净出口收入为例，2015 年约为 4000 亿美元，比 2012 年最高点的 9200 亿美元减少了超过一半。事实上，这是自 2005 年以来"石油美元"规模的最低点。沙特阿拉伯是每年产生和持有"石油美元"最多的国家，约占 OPEC 国家"石油美元"总额的 1/3。

"石油美元"的流向

产油国出口石油换来美元，其中的一部分用于从国外进口商品和服务，另一部分用于支持国内的消费和投资。进口商品和服务中，前者如汽车、飞机、家电、日用品、矿产品等，后者如咨询服务、金融服务、旅游服务、法律服务等。进口商品和服务意味着"石油美元"再次流出产油国，这部分流出被称为通过"经常项目"渠道的流出。在 20 世纪 80 年代之前，石油出口国的"石油美元"主要是通过经常项目渠道流出的。

到 20 世纪 80 年代之后，石油出口国开始将大量美元收入用于增加外汇储备，包括购买美国政府债券、兼并收购（M&A）外国企业资产或房地产以及在国际金融市场上购买企业股票或债券。购买国外资产意味着"石油美元"从产油国流出，这部分流出被称为通过"资本和金融项目"渠道的流出。大量"石油美元"注入国际金融市场，在某些特定的历史时期起到了助长信贷宽松和资产价格泡沫的作用。有研究表明，拉美债务危机和美国次贷危机的爆发与破灭都与"石油－美元循环"有一定的关系。

一个显著的趋势是，"石油美元"在资本和金融项目下的投资渠道在不断拓展。早期受政治影响比较大，主要投向美国国债或者存入美国和欧洲的商业银行成为存款。后来开始逐渐拓展到企业债券、股票、房地产等，并且不局限于美国和欧洲，向日本、新加坡、拉丁美洲、中国等地区扩散。

另外，"石油美元"的管理早期多由石油出口国的财政或货币当局来负责，后来主要石油出口国纷纷建立了主权财富基金，从而使得"石油美元"资金的运作更加市场化。根据主权财富基金研究所（SWFI）的统计，截至 2016 年 6 月，以石油/天然气为来源的主权财富基金总规模为 4.2 万亿美元，占全部主权财富基金 7.3 万亿美元的 58%[①]。表 3.1 显示了世界上前二十大以石油收入为主要来源的主权财富基金的基本情况。

---

① 资料来源：主权财富基金研究所（SWFI）官方网站。

表 3.1　前二十大"石油美元"主权财富基金

国家	主权财富基金名称	资产规模（10亿美元）	成立年份	资金来源	排名
挪威	挪威政府养老基金（全球）	825	1990	石油	1
阿联酋－阿布扎比	阿布扎比投资局	773	1976	石油	2
沙特阿拉伯	SAMA外国控股	669	—	石油	3
科威特	科威特投资局	592	1953	石油	4
卡塔尔	卡塔尔投资局	256	2005	石油天然气	5
阿联酋－迪拜	迪拜投资公司	183	2006	石油	6
阿联酋－阿布扎比	国际石油投资公司	110	1984	石油	7
哈萨克斯坦	Samruk Kazyna JSC	85	2008	石油及其他	8
俄罗斯	国家福利基金	74	2008	石油	9
阿联酋－阿布扎比	阿布扎比穆巴达拉发展公司	66	2002	石油	10
利比亚	利比亚投资局	66	2006	石油	11
俄罗斯	储备基金	66	2008	石油	12
伊朗	伊朗国家发展基金	62	2011	石油天然气	13
阿尔及利亚	收入管理基金	50	2000	石油天然气	14
文莱	文莱投资局	40	1983	石油	15
阿塞拜疆	国家石油基金	37	1999	石油	16
加拿大	阿尔伯塔遗产基金	18	1976	石油	17
东帝汶	东帝汶石油基金	17	2005	石油天然气	18
阿联酋	阿联酋投资局	15	2007	石油	19
阿曼	国家通用储备基金	13	1980	石油	20

注：表中数字为2015年12月末的规模。

资料来源：SWFI。根据官方资料等其他公开信息来源整理。

"石油美元" 对中国的启示[*]

本文是"石油美元"系列的第二篇，着重讨论"石油美元"体系诞生对中国建设新型开放经济体以及推动人民币国际化的启示和借鉴意义。

有人认为，"石油美元"体系是美国第一经济军事大国地位的自然结果，是布雷顿森林体系的自然延伸。这当然有一定道理。但笔者在此想要指出的是，这一延伸并不"自然"。换句话说，回到20世纪70年代初的全球经济政治环境背景下，如果不是美国的主动作为和运筹帷幄，国际货币金融体系完全有可能走向不同的方向。其一，当时除了英镑等老牌国际货币之外，德国马克、日元等货币也在迅速崛起，国际货币体系由"单极主导"走向"多元并存"并非不可能。其二，美国的确可以通过军事威慑、武器限售等手段对沙特阿拉伯等阿拉伯国家施压，以促成"石油美元"协议签订，但不要忘记，这一时期苏联在中东地区也具有强大的军事存在和威慑能力。

毫无疑问，经济基本面因素是决定一国货币相对币值的根

---

[*] 本文发表于《澎湃》2016年8月10日。原标题为"石油美元诞生及对中国的启示"。

本因素；军事实力对于大国国际竞争的重要性也毋庸置疑。但这并不是故事的全部。

回顾这段历史，我们不应忽视美国政府在此过程中的主动作为。深入分析和研究这些主动作为，对中国建设新型开放经济体以及推动人民币国际化具有启示和借鉴意义。

可以将一个有趣的问题作为出发点：1971 年之后的几年可谓"二战"以来国际社会对美元信心不断下降、美元地位最受质疑的时期，但为什么恰恰是在这个时期确立了对日后影响深远的"石油美元"制度安排？

对此，有必要从如下三个非常重要但又常常被人们忽视的视角去挖掘答案。而这些答案对于当前的中国对外经济政策制定也颇有借鉴意义。

第一，开放主义是"二战"之后美国在自身发展的同时不断扩大国际影响力的一大法宝。

开放主义的本质，是在更广的约束空间下优化资源配置。"二战"之后，开放主义在美国已经不仅是一种经济理念，而且逐渐成为一种普遍的社会心态。

为了理解开放对于大国经济的重要性，有必要把苏联经济与美国经济加以对比。在"二战"结束之后很长一段时期，美国和苏联并称两个超级大国。尽管苏联稍逊于美国，但不论在经济实力、军事实力上，还是对全球秩序的话语权和影响力上，两个超级大国之间的差距并不太大，至少影响力是可比的。

但是苏联的货币始终没能成为全球货币。当然有人会辩解说多数苏联的加盟共和国资源丰富，不需要进口石油，所以"石油－卢布循环"产生的基础不存在。但如果深入一想就会发现，这一解释很难具有说服力。试想，为什么在其他产品的国际贸易中卢布也没有成为通行的计价和交易货币呢？再试想，为什么甚至苏联与其他社会主义阵营国家的经贸交往也广泛采用美元作为计价和结算货币，而卢布在国际经贸中的普遍使用始终未能出现？

回顾近现代经济史我们很容易看到，几乎所有的大国在崛起过程中，都实行了开放主义的经济政策。从大航海时代的葡萄牙、西班牙到 17 世纪的荷兰，再到 18 ~ 19 世纪的英国，以及后来的美国、日本，概莫能外。

第二，金融市场对于大国开放经济体至关重要。

发达的金融市场是"石油 - 美元循环"得以成立的基础。进入 20 世纪 70 年代之后，尽管受贸易赤字和财政赤字困扰，国际社会对美元的信心下滑，而且客观上美元也难以继续维持与黄金的固定比价关系，但是，美国具有发达、高流动性、深度足够且相对而言较为稳定的开放金融市场。这是美国相比于另外一个超级大国苏联以及德国、日本等新兴大国最大的优势之一。

而客观上，石油出口国也确实需要稳定的海外投资机会，需要依赖甚至依附于美国发达的金融市场。

认识到这一点对于推进人民币国际化非常重要。一般而言，一种货币的国际化有三种路径：一是"国际贸易路径"，二是"国际协议路径"，三是"金融市场路径"。近年来，人民币国际化在国际贸易路径和国际协议路径上已经取得了较快的进展，目前最大瓶颈就在于金融市场路径进展缓慢①。在岸市场和离岸市场上，可供境外投资者投资的以人民币计价的金融资产数

---

① 详见李稻葵、冯明、厉克奥博：《人民币国际化的战略选择及其对推动中德经济关系发展的启示》，清华大学中国与世界经济研究中心工作论文，2014。

量远远不足，渠道不够畅通。同时中国国内金融市场的制度建设和金融稳定性也有待加强。

第三，应当充分重视培育国际协调和外交公关的能力。

美国与沙特阿拉伯签署"石油美元协议"可谓"二战"之后世界经济外交舞台上最成功的危机公关事件。回想当时的世界格局和地缘政治环境，达成这一成果殊为不易：一方面，西方主要经济体增长动能不足，美国的领导力以及美国模式的号召力开始受到质疑，全球化面临停滞甚至倒退；另一方面，阿拉伯国家和以色列的冲突达到高潮，而美国坚定地支持以色列。

正是在这样复杂的环境下，美国做到了与中东大国沙特阿拉伯携手构建"石油美元"体系。究其原因，经济规模、军事实力、制度惯性固然重要，但同样不可忽视的是美国灵活而强大的外交公关能力和国际协调能力。

无独有偶，也恰恰是在这一时期，美国与中国建交。这两个看似孤立的外交事件，实则有关联性。进入 20 世纪 70 年代，以战后重建和欧洲存量市场恢复为主题的经济增长动能已经趋于衰减。反映在实体经济层面，表现为西方主要经济体经济增长速度的下降；反映在货币金融层面，表现为西方主要国家通货膨胀率的上升以及布雷顿森林体系在"特里芬困境"之下难以维持、美元地位面临重大危机。

面对这些挑战，美国在积极寻求应对之策。而"石油美元协议"和中美建交就是在这一大背景下，美国政府为开启新格局找到的两把"钥匙"。这些在旧模式困顿中突出重围的事件充分表明，对于大国而言，外交舞台上运筹帷幄能力是多么重要，外交公关能力和国际协调能力也是一种生产力。

密切关注"石油美元"循环动态[*]

　　本节是"石油美元"系列的第三篇。国际油价下跌不仅会直接影响石油生产国和消费国的福利，同时还会通过"石油－美元循环"对国际金融市场乃至实体经济造成影响。作者的测算表明，2014 年中以来的国际油价下跌导致每年回流到国际金融市场的"石油美元"减少 2440 亿 ~ 3450 亿美元。金融市场投资者和主要国家的中央银行对"石油－美元循环"的收缩保持高度关注。

　　国际石油价格的下跌引起了人们的普遍关注，遗憾的是，已有的讨论绝大部分都仅仅集中在石油价格和世界石油市场供需本身，而忽略了一些其他重要的维度，比如说"石油－美元循环"的收缩。而"石油－美元循环"的收缩恰恰是石油价格下跌影响国际金融市场甚至影响全球经济非常重要的一个渠道。

　　为什么这么说呢？

　　第一个原因是"石油美元"是国际金融市场主要的资金供

*　本文发表于"FT 中文网"，2015 年 9 月 16 日。原标题为"不应忽视石油美元循环"。

给来源之一。沙特阿拉伯、俄罗斯等石油出口国的外汇储备是依赖石油出口建立起来的,许多活跃于国际金融市场的主权财富基金的主要资金来源也是石油贸易。石油价格的下跌会使这些渠道回流金融市场的"石油美元"减少,对全球流动性产生紧缩效应。初步的测算,石油价格从110美元/桶跌至50美元/桶每年会造成石油出口国的收入减少约1.2万亿美元。按照历史数据,石油出口收入最后的净留存量中超过2/3会回流到国际金融市场上。但是受石油价格大幅下跌的影响,多数石油出口国的经济、财政出现了困境,甚至不得不从国际金融市场收回流动性,补贴财政赤字。"石油美元"池多年以来首次面临收缩。保守估算显示,油价下跌导致最近一年本应回流到国际金融市场的"石油美元"减少了2440亿~3450亿美元。

如此规模的资金供给收缩给金融市场带来的负面冲击是不可小觑的。

第一,"石油美元"减少会直接减少国际金融市场上的资金供给,从而对某些金融资产的价格造成向下压力。

第二,"石油美元"循环的收缩还会影响金融市场的风险偏好。这也是2016年6~8月全球范围内出现风险资产抛售潮的原因之一。

第三,如果"石油美元"的缩量是长期的话,那么还会对实际利率中枢造成上行压力。而实际利率的上升则会在微观上影响企业的投融资决策以及居民和家庭的消费储蓄决策,从而最终影响宏观经济。实际利率的调整还必然会引发资产价值重估,影响大类资产配置。当然,我们可以预计,近期内除美联储之外的主要央行仍将维持宽松货币政策,在货币政策宽松的大背景下,名义利率在短期内仍将保持在比较低的水平。但即便如此,不可忽略的一个事实是:"石油美元"等真实储蓄带来的流动性和货币宽松带来的流动性具有根本区别。

需要密切关注"石油－美元循环"动态的第二个原因是，它为我们观察、理解世界经济运行提供了一个重要的信号指标。世界经济就像一台时刻处在运行中的高度复杂的大型机器。工程师往往会通过观察仪表盘上指标的变化来监测机器的运行状态。同样的道理，经济学家和金融市场的参与者也需要通过某些指标才能观察和理解宏观经济的运行状态。石油价格就为我们提供了这样一个指标。而且在很多时候，石油价格这个指标甚至比世界银行、国际货币基金组织抑或各国官方统计机构提供的经济统计数字还要更敏感，更接近真实情况，更具有参考价值。通过洞察石油价格和"石油－美元循环"的变化，有助于我们理解全球经济正在发生的一些更深层面、更根本的变化。

2002 年 Brent 原油价格是 20 美元/桶，在此之后一路攀升到 2008 年 7 月的 137 美元/桶。6 年间增长了将近 6 倍。受到全球金融危机的冲击之后也仅仅是在短期内跌到了 42 美元/桶，然后很快就恢复到 100 美元/桶之上，直到 2014 年下半年的暴跌。与石油价格平行运动的是"石油－美元循环"的扩大与收缩：当油价高企的时候，"石油美元"增加；当油价下跌的时候，"石油美元"增速减慢甚至负增长。石油价格和"石油美元"的变动并不是孤立存在的，而是深深植根于全球经济的运行模式与景气周期之中的。如下简化的"资源国－生产国－消费国"三国模型有助于理解这一点。假想世界上只存在三个国家：资源国、生产国和消费国。资源国为生产国和消费国提供原材料和能源；生产国一边进口资源品，一边为消费国和资源国提供制造业产品；消费国从资源国和生产国进口资源品和制造业产品。与此同时，资源国和生产国积累了大量的储蓄，消费国积累了大量的债务，前者的储蓄为后者的债务提供融资。

　　这当然是一个极其简化的模型，遗漏了很多的事实，是不准确的，但它抓住了过去 30 多年间世界经济运行模式的核心机制。2002 年到 2008 年金融危机的这段历史就是这一模式最突出的表现。该模式中有两个相互关联的环节：一是资源由资源国流向生产国和消费国，二是制造业产品由生产国流向消费国和资源国。"石油美元"和新兴市场经济体巨额外汇储备的积累分别是这两个环节的产物，构成了伯南克所谓的"全球储蓄过剩"（global saving glut）的主体。资源国和生产国积累的"石油美元"和外汇储备，其中很大的一部分又通过国际金融市场回流到了以美国为代表的发达赤字国，为其消费进行融资。

　　石油及其他大宗商品价格的暴跌是一个非常敏感的信号，它不仅预示着上述第一个环节也就是"石油美元"的收缩，同时间接地预示着上述第二个环节也出现了问题。事实上，在"石油美元"收缩的同时，2014 年新兴市场的外汇储备规模也首次出现了下降。制成品国际贸易数据也可以印证这一点。

　　"资源国－生产国－消费国"模式具有穷国存钱、富国借钱、穷国补贴富国的特征，存在天然的缺陷，是无法长期持续的。2014 年下半年是该模式由盛转衰的转折点。转型是向新模式的过渡，但不论对于消费国、生产国，还是资源国，转型的过程必定是艰难甚至痛苦的——需求不得不进行调整，产能必须被挤压或重组，原有的供需匹配格局面临再配置。

　　总而言之，"石油－美元循环"动态不仅是有助于洞察全球流动性的关键因素，而且是理解世界经济运行状态的一个重要参考指标，甚至对预判未来石油价格走势本身也具有启示意义。相关的经济政策制定者、金融市场投资者有必要对石油价格和"石油－美元循环"保持密切关注。

最后，"石油－美元循环"收缩或许也为我们理解和设想未来国际金融秩序的演进提供了一个契机。正如此前在《三大变化重塑世界石油市场格局》一文中指出的那样，全球石油贸易格局正在经历重塑，原来的出口国和进口国之间面临着重新匹配。中国应当抓住时机，适时巧妙地推动以人民币计价进行石油贸易以及相关衍生产品交易市场的建立。

国际油价变动如何影响通货膨胀[*]

　　国际油价变动如何影响通货膨胀？这是各国货币政策当局和金融市场投资者都高度关注的一个问题。研究发现，国际油价对我国通胀的影响具有时变特征：2000 年之前影响不显著，之后呈明显的上升态势，其中 2008 年之前和之后我国 CPI 对国际石油价格的季节弹性分别稳定在 0.01 和 0.019 左右，即国际油价 10% 的变动会引起我国当季 CPI 同向变动约 0.1 个百分点和约 0.19 个百分点。另外，不同类型结构性冲击对于通货膨胀的影响有所差异。相比于石油供给冲击，总需求冲击和石油个体需求冲击对我国一般物价的影响更为持续。前者的影响仅在 2 个季度内显著，而后两者的影响则持续 5～6 个季度。

国际市场定价和价格波动剧烈是石油价格的两个典型的特点。特别是 20 世纪 90 年代末以来，国际石油价格呈现明显的

---

　*　本文是一篇学术论文研究结果的通俗版介绍，原文为作者与清华大学经济管理学院刘阳阳博士合作的《国际石油价格变动对中国通货膨胀的时变影响及结构性冲击》。为了契合本书的风格，这里略去了学术论文中的文献综述、数据处理、模型构建等具体技术细节以及图表。

周期性大涨大跌：国际油价①先从 20 美元/桶持续攀升到 2008 年 7 月金融危机前的最高点 137 美元/桶；金融危机后骤降到 40 美元/桶；此后又迅速反弹并在 2011 年到 2014 年 6 月维持在 110 美元/桶上下；从 2014 年 6 月开始又大幅下跌，最低曾跌破 30 美元/桶（见图 3.15）。作为现代经济中的重要基础能源和化工原材料，国际石油价格变动对于一个国家国内的一般物价水平具有不可忽视的影响。

图 3.15　石油价格与中国 CPI

资料来源：国家统计局，Wind。

中国是世界上第二大石油消费国，而且石油对外依存度在过去 20 年间不断提高，2015 年我国石油对外依存度已达到 60%②，国际市场上石油价格的变动不可避免地越来越成为影响我国物价水平的重要因素之一。尤其是 20 世纪 90 年代末以来的几轮石油

① 此处以 Brent 原油价格为例。
② 资料来源：《国内外油气行业发展报告》。

价格周期对国内通货膨胀的影响更是引起了市场参与者、经济学研究者、宏观经济政策制定者以及更广泛舆论的高度关注。

但是，石油价格对一般物价水平的传导是一个复杂的过程。石油价格变动对一国物价的影响可以分为直接效应和间接效应。

直接效应是指国际石油价格变动会直接对国内成品油以及其他石油提炼物的价格产生影响，如汽油、柴油、润滑油、沥青等。其中，居主体地位的是成品油。这是国际石油价格影响国内物价的第一个环节。应当说，直接效应的影响是比较直观的，且相对容易测算。例如，假设成品油在我国 CPI 中的权重是 0.5%，这意味着如果国际石油价格上涨（或下跌）10% 且1:1地传导至国内成品油价格，那么直接效应会造成我国 CPI 上涨（或下跌）0.05 个百分点。当然，在现实中，由于我国的成品油价格形成机制尚未完全市场化，国际石油价格向成品油价格的传导并非是1:1的。即便在完全市场化的国家，由于市场微观结构的作用，传导也不一定完全是1:1的。

间接效应是指国际石油价格变动通过影响成品油价格和化工产品价格进而传导至其他产品和服务的价格。例如，国际石油价格变动会影响汽油价格从而导致交通运输服务的价格变动，或影响化肥价格从而引起农产品价格变动。而交通运输服务价格和农产品价格的变动又会进一步传导至食品饮料、纺织等制造业产品等。同时，这些物价水平的变化还有可能进一步引起名义工资的调整，进而形成物价与工资之间的双向循环。间接效应是一个复杂的多向传导系统，难以进行直观的直接测算，需要借助投入产出表或时间序列计量经济学模型来加以量化研究。

研究国际石油价格变动对于国内一般物价水平的影响不仅是宏观经济学学术研究的一项重要课题，而且具有明确的现实和政策借鉴意义。

一方面，对于居民和家庭而言，通货膨胀是影响其福利水平的重要经济变量；对于企业和金融机构而言，通货膨胀会直接影响其面临的实际利率，影响投融资收益和成本。

另一方面，对于中央银行等宏观调控政策制定者而言，通货膨胀也是其需要密切关注的变量。目前大多数国家的中央银行都将稳定通货膨胀率作为货币政策的核心目标或核心目标之一。可以说，国际石油价格变动与国内通货膨胀的关系是货币政策制定者必须要考虑的因素。特别对于石油对外依存度高的大国开放经济体而言尤其如此，在国际油价周期性涨跌幅度较大的时期尤其如此。

那么，国际石油价格变动对通货膨胀的影响如何呢？我们基于一个修正的菲利普斯曲线模型①，采用 1992 年第一季度至 2015 年第四季度的季度数据，考察石油价格变动对我国一般物价的影响。回归结果显示，我国 CPI 对国际石油价格的当期弹性为 0.0137，长期弹性约为 0.0926。也就是说，如果国际油价变动 10%，会引起我国当季 CPI 同向变动 0.137 个百分点，对于我国 CPI 的长期影响约为 0.9 个百分点。

不过，上述回归结果需要谨慎对待，因为在此期间受我国成品油价格定价机制改革这一特殊制度背景的影响，国际石油价格变动对国内物价的传导作用很可能发生了变化。

其中，1998 年 6 月的成品油价格改革是一次重要的制度变革。1998 年 6 月之前，我国的石油价格是完全由政府管制的，基本上很少调整。但随着国内石油消耗量越来越大，特别是我国在 1992 年成为石油净进口国，旧的机制越来越难以维系。1998 年 6 月 3 日，国家计委出台《原油、成品油价格改革方

① 具体计量模型详见完整版学术论文。

案》，原油及成品油定价机制的市场化改革开启。

根据该方案，国内原油价格参照新加坡市场相近品质的参照油种的价格确定，每月调整一次。汽油、柴油零售价格由政府定价改为政府指导价，指导价的基本原则是"当新加坡市场汽油、柴油交易价格累计变动幅度超过 5% 时，由国家发展计划委员会调整汽油、柴油零售中准价格"。中石油和中石化两个集团公司在上下 5% 的幅度内制定具体零售价格，但调价间隔时间一般不得少于两个月。从图 3.15 也能较为直观地看出在此次改革前后国际石油价格与我国 CPI 的走势关系发生了明显变化。在此之后，我国成品油定价机制几经调整，但整体是朝着市场化的方向进行的，国内物价与国际石油价格变动之间的关联不断增强。

1998 年的成品油价格改革这一制度变化是否对油价的通胀传导机制具有统计性影响呢？我们通过"邹氏断点检验"对此进行了量化分析。断点检验结果显示，国际油价变动对我国通货膨胀的影响在 1998 年 2~3 季度的确存在一个断点。

于是，我们以 1998 年 2~3 季度为断点，对断点前后的两个子区间样本进行分别回归。结果显示，在前一个子样本区间内，国际油价变动对我国 CPI 的影响并不显著，这与两条曲线走势图给出的直观感受是相符合的；而在后一个样本区间内，影响的敏感性显著增强，国际油价变动 10% 会造成我国当季 CPI 同向变动 0.238 个百分点，长期影响约为 0.8 个百分点。

我们进一步将上述基准模型拓展为时变系数回归模型，通过状态空间方法来考察 1998 年 6 月成品油价格改革之后我国物价对国际石油价格的弹性随时间的变化[1]，得出了大抵类似的结果：国际石油价格对我国 CPI 的影响在 2000 年之前并不稳

---

① 具体计量模型详见完整版学术论文。

定，同时在统计上也不显著。2000 年之后，国际油价对 CPI 的影响呈明显上升态势。从 2003 年到 2008 年国际金融危机，我国 CPI 对国际石油价格的当季弹性稳定在 0.01 左右。也就是说，国际油价 10% 的变动会引起我国当季 CPI 同向变动约 0.1 个百分点。2008 年国际金融危机之后，我国 CPI 的国际石油价格当季弹性进一步增强，此后稳定在 0.019 左右，即国际油价 10% 的变动会引起我国当季 CPI 同向变动约 0.19 个百分点。

除了制度性原因之外，能源使用强度的提高也是国际石油价格变动对我国一般物价的影响呈增强趋势的原因。这一点与发达国家的情况有所不同。中国经济在过去 20 多年间正处于快速工业化经济发展阶段，能源强度包括石油消耗强度是在持续提高的。而发达国家已经进入后工业化发展阶段，整体经济的能源强度开始下降。

大量研究证实，石油价格变动对发达国家一般物价的影响出现弱化是一个普遍现象。例如，Blanchard 和 Galí（2007）[①]就发现，石油价格冲击对美国 CPI 的影响在 1983 年之后显著弱于 1983 年之前，后一个时期相对于前一个时期石油价格变动对通货膨胀的影响幅度下降了超过一半。以其他发达国家为样本的研究也发现了类似的现象[②]。Chen（2009）[③] 通过对 19 个发

---

① 详见：Blanchard O. J., Galí J., The Macroeconomic Effects of Oil Shocks: Why are the 2000s so Different from the 1970s?. NBER Working Paper No. 13368, 2007。

② 详见：De Gregorio J., Landerretche O., Neilson C., Another Pass-Through Bites the Dust? Oil Prices and Inflati on. *Documentos De Trabajo*, 2007, 50（2）pp. 155 - 208；Chen Shiu-Sheng, Oil price pass-through into inflati on. *Energy Economics*, 2009, 31（1）pp. 126 - 133；Herrera A M, Pesavento E., Oil Price Shocks, Systematic Monetary Policy, and the 'Great Moderation. *Macroeconomic Dynamics*, 2009, 13（1）pp. 107 - 137。

③ 详见：Chen Shiu-Sheng, Oil price pass – through into inflation. *Energy Economics*, 2009, 31（1）pp. 126 - 133。

达国家的研究发现，国际石油价格对各国通货膨胀的传导影响整体上是减弱的。19 个国家中只有瑞士的传导系数在上升，其余国家都在下降，平均传导系数下降了 69.77%。

追根溯源： 油价变动的冲击类型

国际石油价格变动可能是由不同因素造成的。例如，中东地区的地缘政治动荡和 OPEC 的内部协议一般被认为是 20 世纪 70 年代石油危机期间的国际石油价格上涨的原因；而 2002 ~ 2007 年石油价格上涨的主要原因则是全球经济特别是新兴市场国家处于景气周期下的旺盛需求。再如，2008 年国际油价的暴跌受全球金融危机的影响；而 2014 年下半年油价的大幅下跌则是在周期性产能过剩、结构性技术冲击以及美元币值相对变化三大因素的共同作用下发生的。

不同因素对于国际石油价格变动的影响是不尽相同的，进而不同类型石油价格变动对于宏观经济的影响也可能存在差别。通过计量经济学方法可以将国际石油价格变动结构性地分解为三种冲击——"石油供给冲击""总需求冲击""石油个体需求冲击"。

在不同的时期，石油价格变动的主要冲击来源可能是不同的。总需求冲击和石油个体需求冲击是 1978 ~ 1979 年国际石油价格上升的主要原因。尽管在此期间发生了"伊朗革命"，但从全球来看，石油供给冲击强度较小。1980 年的"两伊战争"则引发了较大强度的石油供给冲击，这对石油价格产生了向上的影响。

我们的研究结果显示，总需求冲击和石油个体需求冲击对石油价格存在持续性的显著影响，相比而言，石油供给冲击的影响较小，且在统计上不显著。具体而言，石油供给冲击的正向冲击在 2 个季度内对于我国 CPI 会产生负向影响，在此之后影响不再显著。而总需求冲击和石油个体需求冲击对我国 CPI 的正向影响则更为持久，前者的影响在 6 个季度内显著，后者的影响在 5 个季度内显著。

供给冲击和需求冲击的影响之所以不同，与石油市场的供给弹性和需求弹性有关。石油的短期总供给一般而言缺乏弹性，这意味着需求突然上升带来的冲击很难被供给增加削弱。反过来则不一样，供给突然上升总可以被随后的需求变动削弱，从而使得价格上升不那么剧烈。于是，石油供给冲击的影响在持久性上往往弱于需求冲击的影响。

那么，20 世纪 70 年代的石油供给冲击为什么会导致高通胀呢？事实上，这很可能是一个误解。已有大量经济学实证研究表明，整体上短缺的宏观经济和货币政策才是 20 世纪 70 年代"滞胀"发生的原因。石油禁运顶多只起了导火索或者推波助澜的作用，而非问题的根源。例如，Barsky 和 Kilian 在其 2001 年的论文[1]中就直接指出，20 世纪 70 年代的滞胀并不是石油供给冲击导致的，而是一个货币现象——如果美联储和其他 OECD 国家央行在 20 世纪 70 年代早期没有采取货币扩张政策的话，那么滞胀本可以避免。

---

[1]　详见：Barsky R. B., Kilian L., Do We Really Know that Oil Caused the Great Stagflation? A Monetary Alternative. Nber Working Papers, 2001, 16, pp. 137 – 183。

全球经济新格局呈现五个特点[*]

石油行业是全球经济的重要构成部分，国际石油市场新格局植根于全球经济新格局，两者密不可分。接下来这篇文章源于作者 2016 年 6 月在"智谷趋势"的一个演讲，梳理了全球经济新格局的五个特点。将全球经济新格局的这些特点与近年来国际石油市场的变化对照起来，进行双向反观，有助于同时加深对于两者的认识。

今天生活在中国经济中的任何一个人都已经融入全球经济之中，都在直接或者间接地与外部经济发生关系。换句话说，即便我们不出国、不投资国外资产，全球经济格局的变化以及主要国家的经济政策调整都会影响我们的生产和生活。你可以避而不谈或充耳不闻，但联系就在那里，影响就在那里。

比如桌上的这瓶矿泉水，水当然是国内的，但生产瓶子的石油 60% 来自国外进口。类似的例子不胜枚举，电脑里的芯片和软件、家里的汽车、银行提供的服务等。

总而言之一句话，我们的生活、消费、工作或劳动，都已

---

  * 本文根据作者 2016 年 6 月 23 日在"智谷趋势"的演讲节选整理而成，后发表于《东方早报·上海经济评论》。

成为开放经济环境中的行为决策，与外部经济密不可分。

全球经济格局正在发生深刻调整。新格局大致可以用如下五个特点来概括。

第一个特点："双核 + 五板块"

首先是"双核"。"双核"是指中国和美国。尽管在官方的外交表述中，中国政府尽可能回避类似"G2"这样的词汇，但事实上在经济领域"双核"或者"G2"的格局已成事实，未来还会不断强化。按 2015 年的数据，中国与美国占全球经济规模的比重达到 36%。一个相对中间情形的预测是，2024～2025年，中国将成为第一大经济体，届时中国与美国两个国家占全球经济规模比重将超过 40%。

"双核"格局不仅表现在经济规模这个简单的数字上，它还深刻地反映在国际贸易、国际金融、国际人员流动、跨国直接投资、互联网技术应用、自然资源消耗等实践领域，甚至在国际关系、全球治理、软实力、国际组织中的领导力、经济发展的理念与模式方面，"双核"格局也将有越来越突出的体现。"双核"格局的鲜明特点是：在跨国比较或国际事务中，美国成为发达国家群体的典型代表，不少时候是领导者；中国成为新兴市场与发展中国家群体的典型代表，有时也是领导者。未来一段时间内，这种现象将长期存在或不断强化。

其次是"五板块"。全球有 200 多个国家和地区，国家与国家之间在人口、土地、经济规模、经济结构上往往存在巨大差异，但大致可以划分为五个板块。需要说明的是，这种划分无疑是非常粗略的，但有利于我们直观地理解全球经济的大致轮廓和格局。

第一个板块是美国与英国。最近一个热点事件是英国的脱欧公投。从经济的角度来讲，一个非常明显但又被大多数人忽略的事实是，英国经济与美国经济存在高度相似性，而与欧洲大陆或欧元区存在较大差异。特别是在 2008 年之后，英国与美国无论在经济指标上还是经济政策决策上，都比较相似，而与欧元区是不一致的，甚至是"打架"的。

第二个板块是欧洲和日本。这里的欧洲是大家通常理解的狭义的欧洲，或者说是欧元区国家。欧元区国家和日本的经济结构与经济发达程度是比较类似的，同时它们当前的货币政策与财政政策面临的约束与客观限制也类似。因此，虽然它们地理距离较远，但也可以归为一类来加以剖析认识。

第三个板块是以中国和印度为代表的新兴市场经济体，也包括东南亚和拉美的一些新兴市场国家。这一类国家的特点是增长潜力依然比较大，经济前景主要取决于改革创新的意愿和政策灵活度。这一板块最近几年有一个突出的亮点，那就是印度经济正在走上崛起之路。

第四个板块是资源经济体。主要包括中东、非洲、拉丁美洲的一些资源经济体。这一板块的特点是受外部经济影响大，经济波动幅度远远超过世界平均水平。

第五个板块是那些尚未步入发展正轨的国家，以撒哈拉以南的非洲国家为典型代表。

第二个特点： 不平等加剧

全球经济新格局的第二个特点是不平等加剧，既包括国家之间的经济不平衡，也包括国家内部的经济不平等。国家之间的经济不平衡也被称为"全球不平衡问题"，在金融危机之前的 2006 年、2007 年就已经讨论得十分热烈，表象是经常账户的不平衡，根源在于全球分工和储蓄投资结构。国家内部不同部门和不同主体的收入不平等、财富不平等问题更为严重。

2014 年 8 月，笔者在德国林岛以青年经济学者的身份参加"诺贝尔奖"获得者大会。那一年有 19 位诺贝尔经济学奖得主到会，我印象非常深刻，有超过一半的诺贝尔奖得主都以"不平等"为主题展开他们的学术演讲。紧接着，法国经济学家皮凯蒂（Thomas Piketty）出版了《21 世纪资本论》，全书讨论的核心话题就是不平等。这本书不仅在经济学界引起了高度关注，同时在大众中也可谓风靡一时。这些现象都表明不平等问题正在成为影响当前全球经济社会发展的一个关键问题。

不平等本质是收入分配问题。以中国为例，2015 年 13.6 亿人共生产了 67 万亿元 GDP 这样一个大蛋糕，那么这个大蛋糕是如何在 13.6 亿人之间分配的？在资本、劳动、税收之间是如何分配的？

要素分配的结构是一个枢纽，它直接关系经济的消费率和储蓄率，决定着总需求，影响着经济增长的动能。具体到当前，不平等加剧是宏观上需求不足和产能过剩问题的重要原因之一，是经济增长乏力的要害所在。

与此同时，在微观上，不平等也会造成一系列的社会问题。在英国脱欧公投问题上，英国的精英阶层大多是支持留在欧盟的，包括《经济学人》《金融时报》等精英媒体，而很多普通民众、草根阶层是支持脱欧的，因为他们更关心移民和劳工问题，更关心社会福利分配问题。类似的，在美国，多数精英阶层更青睐希拉里，而支持特朗普的往往是普通民众和草根阶层。

而且收入分配不平等的问题绝不局限于英国与美国，而在全球普遍存在，并且近几年不断加剧。俄罗斯、拉丁美洲、中东地区以及我国近年来也出现了一些苗头。

第三个特点： 货币大宽松

第三个特点是货币宽松，不是一般的"宽松"，而是"大宽松"。经济学上，有很多类似的词，如"大萧条""大缓和""大分流"等，用来描述经济史上某一个时期最突出的特征。如果要用一个词来概括2008年金融危机之后全球经济的突出特征，我想最合适的莫过于"大宽松"。网络上大家更喜欢的词是"大放水"，其实是同样的意思。

2008年金融危机之后，几乎所有的国家都在货币"大宽松"或"大放水"。美国、欧洲、日本等经济体都采用了大规模救市方案，尤其是在货币政策上，相比以往可以说是无所不用其极。首先是采用传统货币政策——降低利率，其次利率到达零下限之后开始量化宽松，再次多轮量化宽松之后，发现效果不明显，规模也达到了限制，最后又开始尝试负利率。

之所以在货币政策上大显身手，一个重要但又往往不便明说的原因是财政政策受到限制——空间有限，政治上的可行性低，推行结构性改革又困难重重。

第四个特点： 资产价格波动加大

货币"大宽松"造成了一个直接的结果，即全球范围的流动性过剩。一方面表现在资金过剩，另一方面表现在优质资产不足。大量的资金追逐着有限的资产，造成了全球经济新格局的第四个特点——资产价格波动加大。

资产价格如同一个海平面，在均衡状态下，各类资产的收益率是趋于相等的，但当大量的资金在全球范围内寻求投资机会、追逐优质资产的时候，海面就会掀起风浪。流动性越过剩，资产价格海平面的风浪就越大。所以，我们在过去几年时间里不断看到各类资产价格的大起大落、暴涨暴跌，从房地产到大宗商品、汇率、权益和债券，包括黄金和另类投资品。

第五个特点： 增长动能短期内趋于衰竭

全球经济新格局的第五个特点，是世界经济开拓新市场的步伐暂时停滞，于是增长动能短期内趋于衰竭。这里的开拓新市场既包括"外延式开拓新市场"，例如地理上新市场的出现；也包括"内涵式开拓新市场"，例如存量市场的壮大。

这一点很像 20 世纪 70 年代的初期。为什么这么说呢？"二战"结束至今 70 多年的历史，从经济增长史的角度大致可以分为几段。

"二战"结束到 20 世纪 70 年代初是第一阶段，这一时期世界经济增长动能以欧洲和日本的战后恢复与建设为代表，在这些动能的带动下，形成了新的市场，掀起了一轮世界经济的增长高潮。但是到 20 世纪 70 年代初的时候，这两个市场短期内趋于饱和，维持经济增长需要寻找新的动能。所以我们看到，20 世纪 70 年代初发生的很多事件跟我们现在的情况是非常像的：大规模产能过剩，主要经济体经济增速下降，大宗商品价格大涨大跌，贸易保护主义抬头，国际关系和地缘政治发生一系列动荡。

第二阶段是 20 世纪 70 年代中后期，新一轮世界经济增长开始，主要以"亚洲四小龙"为亮点，开拓新的市场，带动全

球经济的增长。此后是第三阶段，以中国为代表的新兴经济体
在 20 世纪 90 年代之后的市场拓展。

在新的增量市场尚未出现的情况下，就会出现大量的产能
过剩，贸易保护主义会抬头，贸易全球化短期内可能受阻。近
年来贸易摩擦大量产生，尤其是中国成为众矢之的。不仅欧美
等发达经济体对中国实施反倾销、反补贴的审查与制裁，甚至
一些传统的新兴市场经济体，如巴西、阿根廷，也争相采取针
对中国的贸易保护措施，以保护国内市场。

国际贸易和国际资本流动是国际经济交往的两个主要形式。
在贸易保护主义抬头的情况下，国际资本流动就会兴起，企业
更需要通过资本流动的形式开拓海外市场，在全球范围内进行
资源配置和生产分工。所以我们就容易理解，为什么近年来越
来越多的中国企业开始到海外"买买买"，如复兴、安邦、阿
里巴巴、三一重工、吉利、万达等，这不是某家企业或者某个
行业的个别行为，而是普遍性的。与此同时，越来越多的中国
居民或家庭开始考虑将部分金融资产配置到海外，包括在国外
购置房产、配置海外金融资产等。

这些现象产生的原因，一方面与上述全球经济新格局的五
个特点息息相关；另一方面植根于另外一个大背景——国际经
济联动与国际经济政策协调的加强。

国际经济联动有两个主要表现形式。第一个形式是通过贸
易渠道联动。2008 年之前我国主要通过贸易与国外进行经济联
系，这一时期企业或个人从外部经济中获利、赚钱也主要是通
过参与国际贸易来实现的。第二个形式是通过资本流动和金融
市场进行联动。通过汇率、货币市场、国际资本流动进行联系。
而今后第二个形式会越来越重要，尤其对于像中国这样的大国
开放经济体。中国经济中的企业、个人以及政策制定者需要更

多地关注国外经济，同时，国外的行为主体也需要更多地关注中国经济的动向。

在贸易联动是主要联动方式的情况下，只要生产好产品，出口就可以解决问题了。但是在金融联动情况下，市场的复杂度增加，政府间经济政策协调难度和不确定性变大，因而企业和居民面临的市场波动也要大得多。所有国际经济联动和国际宏观政策协调的加强，都为企业与个人进行全球资产配置提供了条件与契机，同时也带来了挑战。

理解大宗商品市场的"资源国 – 生产国 – 消费国"范式

　　石油是大宗商品市场上最重要的交易门类。2015 年中期，大宗商品市场出现了一小波久违的反弹热潮。如何认识这波市场回暖？反弹能否持续？一时间成为大家最为关注的问题。在本节中，作者从"资源国 – 生产国 – 消费国"范式出发，分析阐述石油等大宗商品市场的价格变动。尽管话题是由短期热点事件引出的，但是作者提到的范式和分析方法则长期有益。

大宗商品市场上交易标的门类繁多，不过彼此之间有一定的共性。不同种类大宗商品的价格走势常常是同向的，在长期来看尤其如此（见图 3.16）。这是因为，尽管国际市场上不同种类的大宗商品市场会受个体性的供给和需求冲击，但同时也会受一些重要的共同因素的影响，如全球经济的景气度。在其他条件不变的情况下，当全球经济景气时，对各种大宗商品的需求会增加，反之则反是。

表 3.2 展示了三大类大宗商品的价格相关性。1990～2015年，按照月度频率数据计算的能源品和金属与矿产品价格相关系数高达 0.92，能源品与农产品价格相关系数为 0.89，农产品

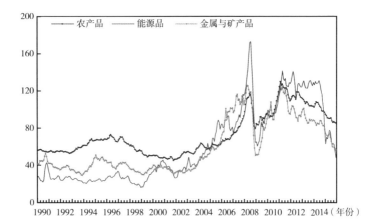

图 3.16　不同种类大宗商品的价格走势

注：价格为美元名义价格，并以 2010 年为基期进行标准化。

资料来源：世界银行大宗商品数据库。

表 3.2　不同种类大宗商品价格水平及增速的相关系数

相关系数（价格水平）			
种类	能源品	农产品	金属与矿产品
能源品	1		
农产品	0.89	1	
金属与矿产品	0.92	0.87	1
相关系数（价格增速）			
种类	能源品	农产品	金属与矿产品
能源品	1		
农产品	0.31	1	
金属与矿产品	0.48	0.48	1

注：表中相关系数的计算样本期为 1990 年 1 月 ~ 2015 年 12 月，数据频率为月度。价格为美元名义价格，并以 2010 年为基期进行标准化。

资料来源：世界银行大宗商品数据库。

及金属与矿产品价格相关系数为 0.87。即便是高阶的价格增速之间相关系数也不低，在 0.3 ~ 0.5。

　　某一种大宗商品价格的变动总是共同因素和自身的独特性因素一起发生作用而造成的。石油是大宗商品市场上最重要的交易门类。这里以石油为例，我们借鉴 Sussman 和 Zohar（2015）的方法，将国际油价变动分解为"共同成分"（common component）和"特质性成分"（idiosyncratic component）两部分①。其中，共同成分是全球需求变化引起的国际石油市场价格变动，特质性成分是石油供给冲击以及石油行业特有的需求冲击引起的国际油价变动。分解结果详见图 3.17。

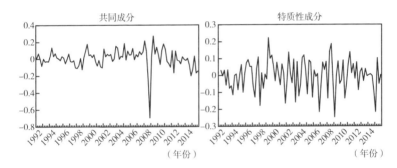

图 3.17　国际石油价格变动的"共同成分"和"特质性成分"

①　具体方法为，首先对不同种类大宗商品价格增速时间序列进行主成分分析（Principal Component Analysis，缩写为"PCA"）。主成分分析结果显示，第一主成分能够解释变差的比例为 61.6%。第一主成分对农产品价格、能源品价格、金属与矿产品价格的载荷均为正值，分别为 0.55、0.55 和 0.62，可以被看作全球经济表现引致的大宗商品价格变动的共同趋势。然后以石油价格增速为被解释变量对上述第一主成分进行回归（$oilp_t = c + \lambda \times pc1_t + \varepsilon_t$）。根据回归的估计结果，可以将国际油价变动分解为 $\hat{\lambda} \times pc1_t$ 和 $\hat{\varepsilon}_t$ 两部分，可以分别看作上文定义的"共同成分"和"特质性成分"。

2015 年中期，大宗商品市场出现了一小波反弹热潮[①]。Brent 原油价格回涨到了 50 美元/桶之上，铜、锌等其他大宗商品门类市场也出现了不同程度的回暖。这对于暴跌之后持续处于低迷状态的大宗商品市场而言无疑是令投资者为之一振的，但大家紧接着就要问，这样的反弹是可持续的吗？换句话说，大宗商品价格是否已经触底，应当如何看待大宗商品市场近期的反弹？

在回答这个问题之前，我们有必要注意一个现象：近期大宗商品市场的反弹并不是孤立存在的，在股票市场、债券市场上，近期也出现小热潮，甚至中国一线城市的房价也在回暖之中。严格来讲，大宗商品与其他金融产品有本质的区别，即便基于大宗商品的衍生产品与其他金融产品之间也是非常不一样的，但这并不妨碍我们把不同资产类别放在一起对比分析，系统性的对比分析有助于我们形成一个整体的认知框架，从而反复推敲、检验逻辑推理过程。

尽管不同金融市场近期出现的小高潮似乎都能找到各自独立的解释，例如，近期石油价格的上涨是因为美国 2015 年第三季度钻井的减少和叙利亚局势的紧张，锌价格的提高是因为大宗商品巨头嘉能可在流动性危机面前的策略调整，等等，但是这些短期的孤立的解释对于理解市场趋势、前瞻性地指导实践来说，意义比较有限。只有系统性地挖掘背后的机制，才能更有效地事前把握投资机会，而不只是为已发生的行情寻找事后的解释。

有位医生朋友曾问过我一个很有趣的问题：在你对某人一

---

① 本文接下来的部分曾发表于 "FT 中文网"，2015 年 10 月 12 日。原标题为 "如何看待大宗商品市场回暖？"。

无所知的情况下，要仅凭一条信息来判断他的健康状况，哪类信息的正确率最大？然后他非常自信地告诉我，是年龄。他说，尽管人的健康状况会因营养状况、生活条件、职业特点、作息规律等很多因素的不同而受到影响，但如果仅仅用一条信息来做判断的话，那么年龄就是最有价值的信息，而且即便是在有其他信息做辅助的情况下，时刻谨记病人的年龄对于病情诊断和治疗也是至关重要的。

这则故事背后的道理其实很简单，类似统计学中的"贝叶斯定理"。类似的法则在经济分析和金融市场研究中事实上也是存在的。举两个例子，每次当我去陌生的地方出差或者旅行之前，除了天气预报之外，我都会下意识地查一下当地的人均GDP指标。我发现，在对一个地方一无所知的情况下，人均GDP可能是包含信息量最大的一个指标——尽管不同地区的经济常常具有异质性，但是人均GDP作为单一指标或许能为我们提供最多的信息，对于我们预判当地的商贸活跃程度、交通等基础设施便利性甚至宾馆的卫生状况等都有帮助。

同样的法则在金融市场研究中也是适用的。金融市场纷繁复杂，成百上千的变量瞬息万变，但其中含金量最高的指标是利率：短期利率能够告诉我们资金市场的流动性状况，而长期利率往往是经济增长前景和投资回报能力的反映；政策基准利率反映了政策制定者对经济的认知和态度，而利率风险价差则是投资者情绪的晴雨表。一张动态的收益率曲线图谱，为我们洞察经济和金融市场提供了最基本同时也是最丰富的信息。

我们不妨以利率作为切入点来理解本节开头提出的问题。以美国作为代表来看，1981年以来的利率水平呈现不断下降的趋势。1981年至今这段时期大致可以划分为两个阶段：第一个阶段是从1981年到2008年金融危机，利率的下降主要受宏观经济中储蓄和投资的相对变动影响。这个阶段，几个主要新兴市场大国崛起，全球经济"资源国－生产国－消费国"逐渐成型，"资源－美元循环"和"商品－美元循环"的规模日益扩大。第二个阶段是 2008 年金融危机之后。金融危机之后，主要发达国家的利率降到接近零的极低水平。这主要是货币政策使然。即便在基准利率受到零下限约束的情况下，主要发达国家仍然采用量化宽松手段使得经济中的资金供给大大增加。

多出来的钱只可能有两种流向，一是实体经济，二是金融市场。前者是由经济中的投资、消费需求来决定的，但直到目前为止全球范围内总需求依然低迷，这一流向的资金需求有限。事实上，已有不少研究表明中国的投资回报率从 20 世纪 90 年代开始就在不断下降了，感兴趣的读者可以参见清华大学白重恩教授和北京大学宋国青教授两个研究团队分别在宏观层面和微观层面进行研究并发表的论文。另外大量的资金则流向了金融市场，从而使得资产价格持续上升。这种情况在美国、欧洲、日本都发生了。金融资产价格不断攀升的过程同时也是投资者被动接受低回报率的过程，或者说是同一枚硬币的两面。

利率指标之所以重要，还有一个关键原因，那就是：尽管货币政策制定者可以轻易调节短期名义利率的变化，但其行为并不会简单地传导到中长期实际利率。换句话说，中长期的实际利率是"不会说谎"的，它更多由经济中的基本面因素来决定。在 20 世纪 80 年代和 90 年代，除了个别年份之外，实际利率水平并不低。这一时期，市场容量不断扩大，投资回报可观，人类经济中的生产能力也得到了空前的扩张。这种扩张不仅体现在制造品的生产上，也体现在对自然资源的勘探和采掘上，从中国的钢铁、水泥生产到电脑、手机组装，再到服装、鞋袜制造，短短 10 年之内新形成的产能规模超过了人类历史上所有的产能加总。在制造业扩张的推动下，从巴西、智利、澳大利亚的矿山到中东、非洲、北美的油气田，无不开足马力扩大开采。

产能扩张既是经济上升的原因，也是其结果。当经济处于上升期，需求旺盛，这些生产能力当然是好事，投资回报率也比较高。但问题在于，是否有足够的需求来消化这些生产能力呢？当收入分配不平等不断加剧时，总需求就会受到抑制。无论对于世界经济整体，还是对于中国经济内部而言，不平等都是抑制总需求从而威胁经济可持续发展的最重要因素。遗憾的是，主流经济学因为种种原因将其排除在经典增长理论的框架之外，而精明的政治家们也往往对不平等问题三缄其口。在2000 年之后，尽管在中国高速增长的带动下，全球实体经济的投资仍在扩张，但大量的资金已经开始向金融市场流动了，典型的例子是美国房地产市场泡沫的膨胀和自然资源领域的高溢价并购。

不少经济学家惯于将 2008 年的金融危机作为一个重要的分水岭事件。从危机的严重程度以及对国际金融市场的影响来看，这样的观点无可厚非。但是，过于强调这场金融危机本身则容易让我们忽视推动全球经济演进和金融周期变化的根本性因素。我们不妨运用历史学家尼尔·弗格森（Niall Ferguson）在《虚拟的历史》一书中推崇的反事实思考方法来理解这一问题——如果 2008 年 9 月雷曼兄弟没有破产倒闭，会怎么样？如果那场次贷危机没有爆发，会怎么样？当然，历史没有如果，时光不会倒流而给人们再次选择的机会，但反事实推理通过比较"已经发生的事情"和"可能发生的事情"为我们理解经济现实提供了一种有益的途径。对于这样的问题，很难有确定的答案，笔者更倾向的回答是：如果雷曼没有倒闭，也会有其他类似的机构倒闭；即便美国政府和美联储的救助防止了大型金融机构恶性倒闭事件的发生，美国房价攀升的态势仍然会逆转；如果没有爆发次贷危机，欧洲债务国家的问题最终还是会暴露出来；中国经济如在 2008 年免于外部冲击而无须推出"四万亿"刺激计划，高速经济增长可能因房地产热潮而持续一段时间，但最终的增速回落仍是无法避免的。

如果认可上述推断，那么重要的就不在于金融危机本身，而在于 20 世纪 80 年代以来世界经济格局的演变。在这场大调整中，超过 20 亿人口被新纳入全球经济中，新兴市场经济体开始崛起，原有的国际经济贸易格局被打破。2000 年之后，中国加入 WTO 成为高度开放的大型经济体，标志着"资源国 – 生产国 – 消费国"模式达到顶点，而与此同时，其不可持续性也越来越凸显。次贷危机为这一模式从上升周期转向下行周期提供了契机，但是即便次贷危机不发生，也会有其他的导火索出现，危机终将来临，甚至可能来得更猛烈。

"金融危机已经过去 7 年了，世界经济仍然没有从危机中恢复过来"，类似的感慨并没有抓住问题的根本。问题的关键不是从金融危机中恢复，而在于世界经济过去 30 年来形成的新模式不再可持续了。所谓的"从危机中恢复"，本质上是全球经济旧模式出清和搜寻新模式的过程。前段时期，笔者与清华大学的程浩博士、中央财经大学的刘悦教授共同翻译出版了马丁·沃尔夫（Martin Wolf）的《转型与冲击》一书。沃尔夫先生在书的前言中生动地引用了童话故事《绿野仙踪》里多罗茜对小狗托托说的话："我有一种感觉，我们已经不在堪萨斯了！"故事的背景是，多罗茜和小狗托托住在美国堪萨斯州的农场里，有一天，突然一阵龙卷风袭来，将多罗茜和小狗卷进了空中，卷到了另外一个国度，开始了一段奇幻之旅。诚然，世界经济已经"不在堪萨斯了"，金融市场也"不在堪萨斯了"。

　　在繁荣时期，不论是消费国还是生产国，抑或是资源国，都在受益，而且资源出口国往往受益更多、更轻松。然而一旦进入下行周期，不论是消费国、生产国还是资源国，也都会面临困境，而且资源国面临的困境往往更艰难。

　　往前看，旧模式下市场出清是痛苦的，搜寻新模式的过程长路漫漫。在依稀曙光中闪现希望的机会，可能是互联网对生产组织方式和生活方式的变革，可能是印度经济的崛起带来的新需求，可能是中国的改革与经济结构调整，可能是人口老龄化引起的被动去产能化，也可能是其他尚未进入我们视野的机会。但无论如何，需要辩证地来看这一过程：一方面，道阻且长，充满不确定性；另一方面，寒冬孕育下一次绽放。

　　回到本节开头的问题。在新的引擎、新的增长点尚未确立的摸索期，结构性的机会和短期的小热潮总会时不时出现，但是不可能出现普遍性的投资回报率稳步走高，资源品价格也不具备持续上行的基础。当下，唯一普遍性的驱动因素仅在于货币宽松。为了刺激总需求、激发创投活力，加之前期积累的高负债，在寻找新模式的过程中，货币政策会偏向于宽松：美欧日都是这样做的，中国人民银行自 2014 年 11 月以来也数次降低基准利率和存款准备金率，但考虑到生产侧的通缩环境，实际利率仍不低。在可预见的时期内，利率下行仍是正确的方向，这是硬币的一面，硬币的另一面就是，金融市场不得不被动接受低回报率，除了个别的结构性机会之外，大部分细分市场概莫能外。

一个严肃的建议：中国应
寻求加入 OPEC *

与书中的大多数文章不同，本节是一个政策谏言型论文。作者在文章一开头就旗帜鲜明地提出其政策主张——"中国应当寻求加入 OPEC"。紧接着，作者详细论证了为什么要这样做，为什么现在是合适的时间点。最后，针对可能存在的质疑和顾虑，作者提出了折中但更为稳妥的议案，即首先成为 OPEC 的观察员国，或者建立类似"OPEC + 1"的机制促进双方加强交流和沟通，共同维护国际石油市场的稳定、可持续发展。

中国应当寻求加入 OPEC，而且当下正是一个不错的时机选择。中国与 OPEC 之间建立正式或非正式的对话沟通机制，对于双方都会产生福利改进。

中国加入 OPEC 这样的建议乍听上去像是无稽之谈——OPEC 的全称是"石油输出国组织"，而中国是一个石油净进口大国，一个石油进口国怎么能够加入石油输出国组织呢？换个

　　* 本文发表于"FT 中文网"，2015 年 10 月 28 日。

角度，"石油输出国组织"为什么要吸纳一个石油净进口国呢？但如果理性深入地分析的话，就会理解，名称上的不融洽和门户之见并不应该成为限制双方交流合作的障碍。事实上，已经有类似的先例存在——曾因石油产量减少而退出 OPEC 组织的印度尼西亚现在约有 45% 的石油依赖从外国进口，但 2015 年 12 月将回归从而再次成为 OPEC 的正式成员国。除了 OPEC 之外，其他国际组织也不乏域外成员参与的例子。

事实上，随着全球石油市场格局的变迁，中国与 OPEC 相互之间越来越依赖彼此。如果 OPEC 能够吸纳中国为成员国，加强沟通协调，那么双方的福利都能得到改进。

与 OPEC 加强沟通甚至成为其成员，对中国有利。中国有巨大的石油进口需求，石油对外依存度已高达 60%，而且在可预见的将来还会上升。中国每年在石油进口上花费大量支出。以 2014 年为例，石油进口总金额为 2280.87 亿美元，占全部进口总额的 11.6%，占全年 GDP 的比例超过 2%。遗憾的是，由于历史原因，中国长期被排除在石油勘探、开发、贸易的核心机制之外，处于边缘。即便是像"三桶油"这样的巨无霸企业，在参与国际市场时，也往往缺乏话语权，能力与效率亟待提高。好消息是，美国在走向基本实现石油自给自足的过程中，对于外部特别是 OPEC 国家石油供给的依赖度在大大降低，这在一定程度上为中国企业腾挪出了空间。但必须指出的是，传统国际巨头对石油行业的把控度并不会自发弱化，而要靠中国国家能力和企业能力的提高来实现。OPEC 汇集了世界上众多石油资源丰富的国家，占全球已探明石油储量的 71.6%。与 OPEC 加强交流、协作，是中国保障自身石油供应安全的重要途径。

与此同时，OPEC 也需要中国。中国是第二大石油消费国，

2014 年石油消费量占全球总量的 12.4%。中国也已经成为世界上最大的石油进口国。中国经济形势的变动以及能源政策已经成为影响世界石油市场最重要的因素之一。对于这样一个大买家，OPEC 显然需要更多的了解和交流。而且随着美国对外石油依存度的下降，OPEC 深知中国市场的重要性将越来越凸显，交流沟通的急迫性也日趋加强。

除了双赢之外，当下还是中国与 OPEC 加强协作的一个很好的时间点。国际油价历经一年的下跌和低迷之后，OPEC 各国都受到了不同程度的冲击，财政、汇率、物价面临严峻挑战。在这个时候，中国市场是其救命稻草。

更重要的是，2014 年下半年国际油价暴跌以来，OPEC 内部面临巨大挑战①。OPEC 内部各个国家对于战略决策出现了明显的分歧：一方认为应采取保份额战略，就算以油价继续降低为代价也不削减产量；另一方则在财政、汇率压力的促使下，认为应当采取限产提价的策略。前者以 OPEC 中相对富裕的国家如沙特阿拉伯为代表，后者以 OPEC 中发展水平相对较低的国家如委内瑞拉为代表。2014 年 11 月，在沙特阿拉伯的主导下，OPEC 会议做出了维持 3000 万桶/日的配额上限不减产的决议，希望能够挤出北美地区的新兴油气企业产能扩张，从而保卫市场份额。在此之后，国际油价应声继续下跌。

一年以来，尽管在低油价的压力下，美国页岩油气投资和产量都有所下降，沙特阿拉伯主导的"挤出战略"初显成效。但与此同时，OPEC 成员国也深受低油价之苦。委内瑞拉、阿

① 与此同时，受国际油价下跌的影响，OPEC 组织也受到经费不足的困扰。有观点认为，现在的 OPEC 与其说是一个卡特尔组织，不如说是一个经费不足、运行效率低下的秘书处。

尔及利亚等受石油价格下跌冲击更大的国家因而特别希望
OPEC 更改策略，达成限产协议、提高价格水平。据媒体报道，
委内瑞拉正在筹划组织一个包括 OPEC 国家和俄罗斯、墨西哥
在内的石油出口国峰会，意在探讨政策，推动在 2015 年末的
OPEC 会议上改变上一年由沙特阿拉伯主导的策略，各国达成
一致的限产协议，以提高石油价格水平。

所谓的限产提价一致行动协议究竟能否奏效是存在不确定
性的。一方面，各成员国之间存在"囚徒困境"博弈，一致行
动协议似乎很难长期约束各方；另一方面，由于 OPEC 各成员
国之间的合作近似无限次重复博弈，在严厉的惩罚机制下，加
之沙特阿拉伯具有较强的主导地位，协议约束在一定时期内是
可以维系的，历史上不乏这样的例子。也正因如此，OPEC 成
为经济学寡头理论中对应的经典卡特尔案例。但这并不是绝对
的，页岩油气革命使得 OPEC 在全球市场中的重要性受到前所
未有的挑战，对伊朗制裁的解除以及近期骤然复杂化的中东地
缘政治形势，都给 OPEC 一致行动协议的约束力埋下了更多的
不确定性。

站在当下的时间点上，无法完全排除 OPEC 在 2015 年 12
月的会议上对上一年的既定策略改弦更张。三方面的原因导致
了不确定性。

第一，OPEC 内部的路线争论已非常激烈，几乎所有成员
国都深受低油价之苦，急切期盼油价回升，即便沙特阿拉伯似
乎也提不出反对短期改变策略的有力理由。

第二，客观上，如果 OPEC 确实达成了限产提价一致行动
协议且得到执行，那么至少在一个季度到半年的时间内，北美
的新兴油气产能难以出现大幅扩张。既然在短期内确实能得到
实惠，OPEC 很难有理由不这么做。

第三，目前沙特阿拉伯政坛不稳定，尽管王室核心成员之间的争斗尚未完全公开化，但有信号表明，现年已 80 岁的国王萨勒曼自 2015 年 1 月继任以来，政权并不稳固。受多数王室成员拥戴的艾哈迈德王子可能走上前台掌权。如果沙特阿拉伯出现了政权更迭，那么其上一年主导的旧策略被掉头转向的可能性无疑也会加大。

尽管我们认为从基本面分析来看，国际油价仍难言止跌企稳，OPEC 的合谋行为难以真正实现，但短期内 OPEC 做出战术调整，对于国际石油市场的震荡仍是不可小觑的。面对这样的不确定性，与 OPEC 加强沟通对中国就非常有意义——在最坏的情况下，即便无法避免 OPEC 改变策略的决议，也至少可以通过沟通交流，提早预见，未雨绸缪。

当然，面对中国这样一个巨无霸的买家，OPEC 的心态是复杂的，必然有所顾虑。或许更可行的模式是，中国成为 OPEC 的观察员国，或建立类似 "OPEC + 1" 的机制促进双方合作。退一步讲，即便不以成员国的身份正式加入，中国也没有什么损失。至少表明了一种姿态，即希望加强交流和沟通，共同维护国际石油市场的稳定、可持续发展。毕竟油价大幅波动不论对于进口国还是出口国，都是不利的。可以设想，如果有类似的机制存在，那么在过去 15 年间石油价格就不至于像过山车一样上蹿下跳，中国等进口国在石油上的支出会有所削减，而 OPEC 也不会因为油价大幅波动失去产能之锚而遭遇今日之窘境。

第四部分

"石油之眼"展望未来

石油峰值记 / 看不见的手 / 探索与创新

"石油峰值论"可信吗[*]

1949 年，美国石油地质学家马里昂·金·哈伯特（Marion King Hubbert）在世界顶级学术期刊《自然》上发表论文，提出了不可再生矿物资源的"钟形曲线"规律①。哈伯特认为，石油作为一种不可再生资源，任何一个地块之下的石油产量是既定的，其产量总会在某一时点达到最高点即"峰值"，然后不可避免地开始下降。哈伯特的这一研究成果被形象地简称为"石油峰值论"。

事实上，对于石油资源有限性的讨论从很早以前就开始了。认为石油资源即将枯竭的预测观点几乎从人类社会开始大规模使用石油以来就一直时隐时现。早在 1919 年，石油利用史的初期，美国联邦地质调查局（USGS）通过分析研究就曾提出判断，认为美国的石油将在 9 年后消耗殆尽。基于这一判断，时任美国总统柯立芝在 1924 年成立了联邦石油节约委员会②。尽管后来实践的发展远比美国联邦地质调查局当年的预测乐观得

---

* 本文曾发表于《东方早报·上海经济评论》2016 年 8 月 23 日。

① 详见：Hubbert M. K.，Energy from Fossil Fuels. *Science*，1949，109（2823），pp. 103 – 109.

② 详见：郝鸿毅等，2008。

多，但是，对石油资源枯竭的担忧和恐慌可以说始终贯穿过去
100 多年的石油经济史。

美国石油产量曾一度与 "哈伯特模型" 的预测相吻合

1956 年，哈伯特在 1949 年 "钟形曲线" 规律的基础上进
一步对美国的石油产量做出预测。他在不同的参数设定情形
下估算出美国的 "石油峰值"，指出美国的石油产量将在
1966 ~ 1971 年达到最高点，在此之后便会开始下降。哈伯特
构建的这一用于预测石油产量和可采储量的数学模型日后得
到了学术界和石油行业的广泛应用和不断改进，被称为 "哈
伯特模型"。

站在 1956 年的时间点上来看，美国的石油工业非常繁荣，
石油产量持续增加，哈伯特的预测显得很不合时宜，引来不少
质疑、批评甚至嘲笑的声音。这些声音有的是出于对哈伯特模
型的质疑，有的则是出于当时人们希望石油行业的增长趋势和
繁荣景象能持续下去的主观憧憬。

后来，美国的石油产量的确在 1970 年达到了 1130 万桶/天
的峰值，然后开始递减。峰值出现的时间点与 "哈伯特模型"
的理论预测大致是吻合的。再后来，尽管美国石油产量的下降
趋势曾因为阿拉斯加北坡油田的发现在 1977 ~ 1985 年被短暂逆
转，但是除此之外，直到最近的 "页岩油气革命"，美国的石
油产量始终呈下降趋势，没有与 "哈伯特模型" 的预测发生趋
势性背离（见图 4.1）。

从 2009 年开始，由于页岩油开采技术的成熟，新兴页岩油
气行业蓬勃发展，美国石油产量开始迅速增加。2008 年美国的
石油产量为 679 万桶/天，2015 年增加到了 1270 万桶/天，7 年

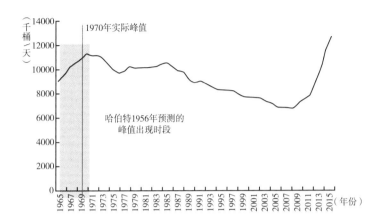

图 4.1　美国石油产量（1965～2015 年）

资料来源：*BP Statistical Review of World Energy 2016*。

间增加了几乎一倍。2015 年的产量已大幅超过了 1970 年的历史产量峰值。

　　在中国，围绕"石油峰值论"的研究也有不少。公认的开创性研究者当属翁文波先生。翁文波是中国科学院院士、我国著名的地球物理学家。他于 1984 年出版了《预测论基础》一书，在书中指出"任何事件都有'兴起—成长—鼎盛—衰亡'的自然过程"，认为石油资源也存在同样的规律，并以此作为"石油峰值论"的哲学基础。翁文波提出的"泊松旋回模型"[1]是我国建立的第一个预测油气田储量和中长期产量的数理模型，也被称为"翁氏模型"。在此之后，又产生了大量研究石油资源储量和产量的相关文献[2]。

---

[1]　详见翁文波：《预测论基础》，石油工业出版社，1984。

[2]　感兴趣的读者可以参考冯连勇、赵林、赵庆飞、王志明：《石油峰值理论及世界石油峰值预测》，《石油学报》2006 年第 5 期。

　　中国石油峰值研究小组的预测结果显示，我国的石油产量峰值出现的时间在 2010～2020 年，峰值产量为 1.9 亿～2.0 亿吨[①]。中国石油大学副校长庞雄奇在 2007 年 10 月召开的"第二届中国能源战略国际论坛"上发言指出，当时学术界的主流观点是，中国的石油峰值将在 2015 年出现，峰值产量为每年 1.9 亿吨[②]。不过，根据国家发改委的最新数据，2015 年我国的原油产量已经超过了这一前期预测，达到 2.1 亿吨。

　　关于全球石油峰值，不同机构得出的测算结果相差很大。国际能源署（EIA）按照石油储量和产量年均增长率的不同预期，分别给出了 12 种不同情形下石油峰值产量和到来时间的估计结果（见表 4.1）。在最悲观的情形下，世界石油峰值将于 2021 年到来，峰值产量约为 485 亿桶；在最乐观的情形下，石油峰值则要到 2112 年才会到来。中国石油大学、中石油和中石化的四位研究人员 2006 年根据广义翁氏模型的预测结果研究并指出，世界石油的峰值产量将在 2020 年前后出现，峰值产量为每年 40.3 亿吨[③]。不过，根据英国石油（BP）的统计数据，2015 年全球石油产量也已经超过了这一预测值，达到了 43.6 亿吨，大约相当于 335 亿桶。

---

① 详见王琳琳：《当石油峰值来临——访中国石油峰值研究小组秘书长冯连勇教授》，《中国石油石化》2009 年第 15 期，第 36～37 页。

② 详见中国石油大学副校长庞雄奇在 2007 年 10 月召开的"第二届中国能源战略国际论坛"上的发言。

③ 详见冯连勇、赵林、赵庆飞、王志明：《石油峰值理论及世界石油峰值预测》，《石油学报》2006 年第 5 期。

表 4.1　国际能源署（EIA）对不同参数设定情形下
世界石油峰值的估计结果

可采资源量概率	可采资源量（10亿桶）	产量年均增长率（%）	预测产量高峰年份	高峰年产量（10亿桶）
高值(5%)	2248	0.0	2045	24.580
	2248	1.0	2033	34.820
	2248	2.0	2026	42.794
	2248	3.0	2021	48.511
期望值(5%)	3003	0.0	2075	24.580
	3003	1.0	2050	41.238
	3003	2.0	2037	53.209
	3003	3.0	2030	63.296
低值(95%)	3896	0.0	2112	24.580
	3896	1.0	2067	48.838
	3896	2.0	2047	64.862
	3896	3.0	2037	77.846

资料来源：王思聪、冯连勇、赵林、赵庆飞，2006。

"石油峰值论"的高潮

科林·坎贝尔（Colin Campbell）是哈伯特石油峰值理论的主要继承者和发扬者之一。在他的牵头组织下成立了一个名为"石油峰值研究协会"（ASPO）的组织，专门探索、研究和宣传石油峰值的相关理论。"石油峰值研究协会"在美国、英国、德国、法国、澳大利亚、挪威、中国、南非等 20 多个国家都有组成机构。石油资源储量和产量预测现在已经成为一个系统的专业性学科。参与该学科研究的既有来自不同国家的科研人员，也有石油企业的研发部门；既有科学家、工程师参与其中，也有经济学家、投资分析师参与其中。根据中国石油峰值研究小组秘书长冯连勇的统计，目前全世界专门以石油峰值为主题的网站就多达 200 个①。

1998 年，科林·坎贝尔发表了一份研究成果，认为廉价石油时代必将终结②。他的预言很快得到了验证。在 2000 年之后的几年时间里，国际石油价格从不足 20 美元/桶持续、快速地攀升到了金融危机爆发之前的 140 美元/桶。

埃克森美孚、英国石油、壳牌、道达尔、雪佛龙五大国际石油公司的产量在 2004 年达到峰值，随后几年的产量一直没有超过 2004 年③。2005 年，在这五家公司中，只有雪佛龙的"原油储量接替率"大于 1，其他四家公司的"原油储量接替率"均不到 1。这似乎表明，当时的储量消耗已经超过了新增的探明可采储量。

在这样的环境下，人们对于石油峰值的担忧在 2004 年到 2008 年全球金融危机爆发之间的一段时间内达到了高潮，"廉价石油时代一去不复返"开始成为主流观点。2005 年 4 月，石油峰值研究协会在葡萄牙首都里斯本举行了年度大会④。在这场有 300 多位专家学者参加的大会上，大部分组织者和参与者认为石油峰值将在接下来 10 年之内出现，随后开始迅速下降。当时很少有人怀疑或者反对这一观点。企业、政府、投资者高

---

① 详见冯连勇、赵林、赵庆飞、王志明：《石油峰值理论及世界石油峰值预测》，《石油学报》2006 年第 5 期。
② 详见 Campbell Collin, The End of Cheap Oil. *Scientific American*, 1998, 278 (3), pp. 78 – 83。
③ 详见：郝鸿毅，2008。
④ 详见：大会官方网站，http://www.cge.uevora.pt/aspo2005/abstracts.php。

度重视，纷纷抓紧时间制定策略，想办法应对未来油价的继续攀升。

然而，金融危机爆发之后，国际石油价格急速跌回到 30 美元/桶上下。尽管在 2009 年到 2014 年 6 月再次反弹至高位，但是从 2014 年下半年开始又迅速跌到低谷。石油价格的大幅下跌不仅因为金融危机之后的需求低迷，而且因为石油可探明储量在持续增加，生产能力超出需求量（见图 4.2）。

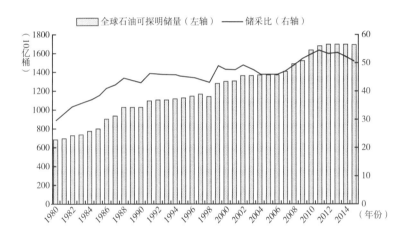

图 4.2　全球石油可探明储量及储采比（1980～2015 年）

资料来源：*BP Statistical Review of World Energy 2016*。

1980 年，全球石油可探明储量不到 7000 亿桶，2015 年这一数字上升到了 1.6 万亿桶，增加了一倍还要多。从全球来看，当前的石油"储采比"也远高于 20 世纪 80 年代和 90 年代的水平，尽管最近几年略有下降。2015 年，全球石油资源的储采比为 50.7，而 1980 年这一数字仅为 29.7，1990 年这一数字也只有 43.1。

于是，主流的观点又开始认为石油价格将在较长时期处于低水平均衡。宣扬"石油峰值论"的声音一时间也很少听到了。

整体而言，"石油峰值论"在针对特定油田的个别研究上或针对特定国家的国别研究上做出的预测基本上可以称得上差强人意，对于行业、市场、政策制定具有一定的参考和启示意义，虽然并非完全可靠。但是，从上文列举的研究文献可以看出，如果将全球作为一个整体来看的话，"石油峰值论"的预测并不成功。随着全球范围内已探明的石油储量越来越多，"石油峰值论"的早期研究结论也不断被实践发展推翻。

科学分析还是心理作用

梳理分析有关"石油峰值论"的研究，会发现一个鲜明的特点：每当国际石油价格低迷的时候，"石油峰值论"的研究则相对就比较少，受到的认可度也会比较低；而每当国际石油价格持续上升、处于高位的时候，"石油峰值论"的研究往往比较盛行，也更容易受到石油行业的认可和大众舆论的追捧。

那么，在这些关注和认可中，究竟有多少来自科学的分析、预测和判断？又有多少来自石油价格波动带来的心理作用？这一点并不明确。

事实上，地球上的石油总储量究竟有多少？石油峰值会不会到来？什么时候到来？这些问题尚存在很大的不确定性。考虑到模型假设、参数设定、数据来源等因素的差异，"石油峰值论"的众多相关研究给出的结果都只能是一个估计值，而不是确定性的结论。甚至不同的模型给出的测算结果之间也大相径庭。即便在学术界内部，关于"石油峰值论"的质疑和争论也从来就没有停息过。例如，美国联邦地质调查局的世界能源工程项目主任 Thomas Ahlbrandt 就认为石油峰值不会像"石油峰值论"支持者预言的那样很快到来。哈佛大学的 Maugeri Leonardo 教授 2004 年在《自然》杂志上发表文章,认为石油时代还远未终结①。

不过,尽管存在争论,但在主流的学术讨论中,研究者们基本上保持着如下两点共识②:其一,石油是不可再生资源,因而地球上真实存在的石油总储量是有限的;其二,这意味着,石油峰值早晚有一天终会到来。

需要补充说明的是,也有人对石油资源的不可再生性提出了质疑。"石油峰值论"的理论基础是石油作为一种"化石燃料"是远古动物的遗体埋藏在地下之后经历千万年生物化学反应演变而来的,因而是不可再生的。而质疑者从根本上否认这一点。他们认为,石油是化石燃料的"生物起源论"仅仅是一种假说,并没有充足的理论证据③。质疑者提出了针锋相对的"非生物起源论",认为石油与远古生物没有联系,而是地球深处的一种"太初物质"。不过,直到目前为止,这一观点几乎没有得到任何规范、严谨的科学研究的验证,兹不做赘述。

科学的局限性还是骗局

对于全球范围内已探明石油储量不断增加、多次推翻"石

---

① 详见:Maugeri Leonardo, Oil:Never Cry Wolf-why the Petroleum Age is Far from Over. *Science*, 2004, 304 (5674), pp. 114 – 1115.

② 详见冯连勇、赵林、赵庆飞、王志明:《石油峰值理论及世界石油峰值预测》,《石油学报》2006 年第 5 期。

③ 详见威廉·恩道尔:《石油战争》,赵刚、旷野、戴健等译,中国出版集团、中国民主法治出版社,2016,第 275~278 页。

油峰值论"前期预测结论的现象，有以下两种解读。

一种观点认为，"石油峰值论"是科学家在特定时间点上，基于当时人类对地质科学的有限认知提出来的，由于当时的认知条件有限，所以得出的预测结论与事后结果出现不一致是正常的。这是科学发展的常态。尽管事后看来，实践发展推翻前期理论预测结论的确表明之前的理论出错了，但这恰恰也是科学技术进步的过程。

而另一种观点则认为，"石油峰值论"完全是一个骗局——石油公司为了抬高油价，从而买通科学家，主观炮制出这样一项所谓的"科学研究结论"。这种观点在一些鼓吹"石油阴谋论"的书籍中较为普遍。例如，在《石油战争》一书中，作者就特别指名道姓地提出了哪家石油公司、哪位科学家参与了这一骗局的设计，认为这些科学家是"石油巨头打造出来的专家"[1]。

坦白地说，对于"石油峰值论"是骗局的说法，很难百分之百地证伪、推翻。因为这是一项基于"动机"的指控。而动机从本质上讲就是无法证实或证伪的。的确，有关"石油峰值论"的相关讨论直接牵扯国际石油公司的切身利益，从动机上无法排除上述指控的可能性。郝鸿毅等人的综述性研究也表明，五大国际石油公司在对待"石油峰值论"的表态上，"真相与谎言并存""既有实事求是的理性分析，也有利益驱动的非理性思考"[2]。这里，我们引用一句古对联[3]，尽管这副对联与石

---

[1] 详见威廉·恩道尔：《石油战争》，赵刚、旷野、戴健等译，中国出版集团、中国民主法治出版社，2016，第270~275页。

[2] 详见：郝鸿毅等，2008。

[3] 张维迎在《市场的逻辑》（2010）一书中曾引用过这副对联。详见张维迎：《市场的逻辑》（增订版），世纪出版社、上海人民出版社，2010，第120页。

油经济没有直接联系，是一句题外话，但对于我们应当以什么样的认识论来看待"石油峰值论"而言，或许具有借鉴意义：

> 百善孝为先，原心不原迹，原迹贫门无孝子；
> 万恶淫为首，论迹不论心，论心世上无完人。

这副对联是说，判断是否"善"，要以心论；而判断是否"恶"，要以行论。对联中的"迹"也就是行为、行动的意思。这副对联如果直译为现代的话，意思是说：判断一个人是否孝顺，不能以他给了父母多少钱、买了多贵的车、建了多大的房子、创造了多么优越的物质条件作为标准，如果以这些行为作为标准的话，那么贫穷人家就不会有孝子了；相反，判断一个人是否是恶人，则要以他有没有做出烧杀淫掠这样的恶行作为标准，而不能以他有没有动邪念、有没有恶的心理活动作为标准，如果以没有邪念、没有恶心作为标准的话，那么世界上就没有完人了，因为人人都存在邪念。

这是我国古人悟出的道理。有趣的是，起源于西方的现代法治理念也蕴含着同样的道理。根据现代法治理念，判断一个人是否违法、犯罪，依据的是他的行为、行迹有没有触犯法律，而不是看他的心理活动是不是恶的①。北京大学的张维迎教授认为，这也是"市场的逻辑"。

基于同样的道理，作者认为，以阴谋论的观点来看待"石油峰值论"，意义并不大，不仅如此，阴谋论观点对于企业的决策和政府的能源政策制定也是有害无益的。

---

① 当然，动机也是司法判案和量刑过程中需要考虑的参考因素之一。

悲观派与乐观派

总体上，与"石油峰值论"相关的讨论大致可以分为悲观主义和乐观主义两派观点。这里分别加以简单概括。

悲观主义的观点往往认为石油峰值在短期内就会到来，而石油产量一旦开始下降，必然会引发供不应求、价格上涨，进而导致一系列经济和社会问题。在悲观派看来，优质的商业开采价值高的油气田都已经被发现，有的正在开采，有的已经枯竭，而剩下的油气田开采困难、商业价值低，不少是位于北极或者深海之下。

乐观主义的观点则认为石油峰值并不会很快到来。在持乐观主义观点的人中，虽然大部分也承认地球上的石油资源总储量是有限的，使用一点就会减少一点，但他们认为距离石油枯竭的日子还很遥远。他们认为，现在人类已经探明的可采储量只是地球上全部石油储量的一部分，还有大量的石油尚未被人类勘探到，或者即便勘探到了但不具有经济上的采掘价值。在未来，随着技术的进步，更多的新油田会被发现，探明石油储量还将增加；而且技术革新和石油价格的上涨还会使得一些原先不具有商业开采价值的石油资源变得具备开采价值。有些乐观主义者还认为，即便将来石油峰值邻近，人类也能在此之前找到相应的替代能源，而不会爆发能源危机。

站在目前的时点上来看，乐观主义的观点似乎更胜一筹。但这显然不是故事的终点，随着全球经济形势的变化和石油行业的变革，悲观派和乐观派之间的争论还将持续。

人类是否需要担心石油资源枯竭

　　石油是如此重要，没有哪个现代经济体能离得开石油。一旦没有了石油，除了目前数量还很少的新能源汽车之外，地球上超过 90% 的汽车都将不得不停在车库里或者趴在马路上，无法行驶；一旦没有了石油，很多用石油发电取暖的城市将有可能失去光明和温暖；一旦没有了石油，我们生活中许多习以为常的日化用品、塑料制品将无法生产；一旦没有了石油，甚至连世界各地最常见的柏油马路都无法得到修复或新建……顺着这样的思路想下去，可谓细思极恐，仿佛世界末日来临。

　　因而，对于任何研究石油经济的人而言，地球上的石油资源会不会被用完？什么时候会用尽？都是基础性的问题。事实上，不论是产油国，还是主要的石油消费国，抑或是大型石油公司，对这一问题都非常关心。

　　如果接受石油是化石能源的理论，认为石油是一种不可再生资源，那么地球上的石油总储量客观上就是有数的。这似乎意味着地球上的石油总有一天会被耗尽。根据 2015 年的最新数据，如果保持当前每年 43.6 亿吨的开采量不变，地球上的已探明石油储量还可以供人类再使用 50.7 年。

　　但是这一答案并不是确定的，存在诸多变数。

一方面，人类未来每年开采、消耗多少石油是不确定的。随着全球经济规模的扩大，石油消耗总量会继续增加，但每年的增长率是多少仍然是一个疑问。同时，单位 GDP 能耗可能降低，石油在整个能源结构中的占比也可能发生变化。在假设单位 GDP 能耗和能源结构不变的前提下，未来全球经济增长意味着每年将消耗更多的石油，从而使得截至目前的已探明石油储量可供人类使用的时间少于 50.7 年。

另一方面，尽管地球上真实的石油储量是一个确定的数目，但是在一定科技条件下能被人类探明且具有商业开采价值的石油储量有多少并不确定。随着技术的进步和石油价格的变化，可探明储量在未来必然还会发生变化。而新探明储量的发现意味着未来石油可供人们使用的时间会长于 50.7 年。实际上，在过去 35 年里，人类新发现的石油资源量远大于所消耗的石油资源量。

价格调整机制发挥作用："看不见的手"

更关键的是，问题的复杂性远不止于此——即便假设我们能确定地知道未来石油需求的增速，也确定地知道未来已探明石油储量的多寡，我们仍然不能简单地用后者除以前者的办法得到"地球上石油资源什么时候会用尽"这一问题的答案。

因为理性的石油生产者会动态调整其产量，以实现未来利润折现总值的最大化。如果预期未来的石油价格上涨，那么油田的所有者当然会选择将更多的石油留存在地底下，而不是以目前的低价卖给消费者。这是经济学家哈罗德·霍特林（Harold Hotelling）早在 1931 年就阐述过的理论。在最简化的霍特林模型中，如果假设石油资源总量既定，那么石油价格就会持续上升。而石油价格的上涨一方面会激励消费者减少需求，另一方面会刺激市场上出现替代品。

正如沙特阿拉伯前石油部部长谢赫·亚马尼（Sheikh Yamani）的经典金句所说的那样："石器时代的结束，并不是因为人类用光了地球上的石头。"同样，石油时代的结束，也不会是因为地球上石油被用光了。虽然石头是非消耗品，这一点与石油有着本质不同，但谢赫·亚马尼的这句话蕴含着非常深刻的经济学哲理——人类一定会在石油用尽之前，实现向新的替代能源的转换。正因如此，石油资源将不会被真正用尽。

认为人类一定会在石油用尽之前实现向新的替代能源的转换，并不是出于对未来的盲目乐观，而是理性的经济学分析使然。

两股力量会推动由石油向替代能源的转换：一是在石油资源走向枯竭的过程中，石油价格会上升；二是随着研发投入和技术进步，使用太阳能、核能、风能等新型能源的成本会下降。换句话说，在市场经济中，价格机制这只"看不见的手"会发挥作用。在上述两股力量的共同推动下，新能源相对于传统石油能源的成本将呈现下降趋势，最终会达到一个均衡点。

而且，上述第一股力量本身还会促进第二股力量的形成——石油价格的上升会鼓励企业更多地投资于研发替代能源。这正是 2009～2014 年这段高价石油时期发生的事情。即便目前石油资源的储量还比较充裕，我们已经看到，太阳能和风能的使用成本近年来显著地降低了。这就是高油价环境下市场机制寻求能源替代的过程。

在这一过程中，除了市场"看不见的手"之外，中国政府对光伏和风能发电的政策扶持也发挥了一定的作用。同时，得益于技术进步和创投资本的活跃，新能源汽车的发展近年来也可谓如火如荼。越来越多的汽车制造商开始尝试研发和推广油气混合动力汽车、电动汽车，其中不仅包括宝马、丰田、大众等传统汽车公司，还包括像特斯拉、比亚迪这样的汽车行业新锐。

具体而言，石油资源枯竭不会是在一瞬间发生的，而一定是在十几年甚至几十年的较长时期中逐渐进展的过程。在这个渐进过程之中，人们的预期会发生变化，从而市场上的石油供给以及对石油的需求都会发生变化。供给和需求的变化会引发预期变动和石油价格的进一步调整，而石油价格的调整会再次引发供给和需求的变化。

理论上讲，人们对石油枯竭的预期恰恰注定会导致石油不枯竭。供给预期的减少会引起石油价格提高，随着石油价格的提高，一些低效益部门对石油的需求就会被挤出；供给的进一步减少又会进一步引起价格的提高，从而挤出更多低效益部门的石油需求……从而，石油资源越是临近枯竭的点，石油价格就变得越高，市场上对石油的需求就变得越少，从而石油资源在理论上并不会被完全耗尽。

在极限情况下，如果石油价格高到一定程度，比如 10000 美元/桶，世界上将只有极少数富豪或科研项目和军事工业才能买得起、用得起石油。

换个角度而言，石油资源逐渐走向枯竭的过程，就是石油市场逐渐收窄的过程。这一点与人类社会中的绝大部分商品不同。大部分商品或服务随着时间的推移、技术的进步、人们收入水平的提高，其市场是不断扩大的。例如，在电灯刚刚发明的时候，只有王室、贵族等很富有的极少数人才能用上电灯，而随着时间的推移，越来越多的普通人都能用得上电灯了。电灯的市场在不断扩大。汽车、电脑、手机、报纸、明星演出……大部分市场都是如此。

与石油枯竭过程中石油市场逐渐变窄的道理相似的例子很少。有代表性的如古董市场、窖藏酒市场。在宋朝，普通瓷制碗已经比较普遍，很多人都在用，市场很大，但经过七八个世纪的岁月流逝和战乱动荡之后，到了清代，拥有以及想要拥有一只宋朝瓷碗的人就很少了，市场收窄了；再到现代，宋朝的瓷碗则已经完全变成了古董、文物，拥有以及想要拥有一只宋朝瓷碗的人就更少了，恐怕只有博物馆、收藏家、特别有钱的富豪才会购买，市场进一步变得小得可怜。

道理很简单，随着资源越来越稀缺，价格会不断升高，于是越来越多原先存在的需求会被挤出。这个过程不会是瞬间发生的，而一定是循序渐进的。

但是，由于新能源的替代效应，石油价格并不会无限上涨。未来石油价格的变动将是石油资源减少与替代能源成本降低两个因素之间的一场赛跑。在其他条件不变的情况下，当石油资源减少的速度快于替代能源成本降低速度时，油价就会上升；当石油资源减少的速度慢于替代能源成本降低速度时，油价就会下降。

总而言之，即便承认地球上的石油资源储量是有限的，我们也大可不必为石油资源枯竭而过度担心。只不过，在能源替代的转换过程中，石油生产国与石油消费国之间、石油行业与新能源行业之间、石油企业与消费者之间原有的利益格局会发生调整。这仍然是企业家、投资者以及各国政策制定者需要认真应对的问题。

百年石油经济史最大的启示

从第一次世界大战期间石油开始大规模应用至今，石油经济已经走过了 100 多年的历史。那么，这 100 年的石油经济史能够带给我们什么样的启示呢？这是我在写作本书的过程中反复思考的一个问题。

在深入分析了各种历史事实、案例资料，反复思辨石油生产国和石油消费国的兴衰、石油企业的组织变革之后，我得出的答案是：百年石油经济史带给我们最大的启示不在于石油本身，而在石油之外。尽管在过去的 100 多年中，石油作为一种能源对于现代经济越来越重要，但是真正推动经济发展的引擎并不是石油，而是勇于探索、勇于创新的精神。这种探索和创新精神不仅对于经营企业非常重要，而且对于一个国家和地区的经济发展也至关重要。

在整理本书书稿的最后阶段，我受单位安排，正在甘肃敦煌挂职锻炼。现在人们都知道，敦煌是一个闻名中外的文化旅游城市，有莫高窟、阳关、玉门关，还有鸣沙山、月牙泉，交通基础设施也比较便利，有汽车站和火车站，也有一座小型机场。现在的人们还知道，敦煌在古代曾经有过辉煌的历史，是古代丝绸之路上的商贸重镇，是多元文化交融荟萃的地方①。

但现在很少有人知道的是，从明朝嘉靖三年（1524年）闭锁嘉峪关之后，敦煌就已经不再是"丝绸之路上的明珠"。在此后长达400年的时间里，敦煌只是地处中国大西北漫漫戈壁滩深处的一个小城镇，孤悬河西走廊的最西段，距离省会兰州比距离新疆首府乌鲁木齐还要远②。自然条件恶劣，经济社会发展封闭而且落后，既没有汉唐时期丝绸之路上的商旅交汇和文化繁荣，也不像如今这样以文化旅游业驰名海内外，甚至在明代很长一段时间里，敦煌完全被中央统治者放弃。由于明代的闭关政策以及西方海洋贸易的兴起，古丝绸之路的繁华和敦煌在历史上的辉煌早已成为过眼云烟，被尘封于历史。

如果时光回溯100多年，在莫高窟尚未重见天日之前，不要说普通人中鲜有人知道敦煌，即便是专业的历史学者、文化学者对于敦煌也知之甚少。

但就是在这样的自然环境和历史环境下，以英国人斯坦因、法国人伯希和为代表的一批探险家长途跋涉，历经艰难险阻，先后来到大漠戈壁滩深处的这座小城镇。他们考察历史遗迹，发掘文化残存，同时以不公平的手段从道士王圆箓手里半骗半买，仅用130英镑③就换走了大量的宝贵文物资料。

---

① 季羡林曾经说过："世界上历史悠久、地域广阔、自成体系、影响深远的文化体系只有四个：中国、印度、希腊、伊斯兰，再没有第五个；而这四个文化体系汇流的地方只有一个，就是中国的敦煌和新疆地区，再没有第二个。"

② "敦煌距离省会兰州1100公里，距离新疆首府乌鲁木齐990公里，即便距离酒泉市府所在地肃州区也有390公里之远。"详见：冯明《敦煌两千年兴衰史之镜鉴》，澎湃新闻网，2016年9月19日，http://www.thepaper.cn/newsDetail_forward_1530845。

③ 斯坦因本人在旅行记录中得意地记下了这一数字。

　　在敦煌博物馆里，我看到了一组斯坦因 1907 年和 1914 年在敦煌探险游历时拍摄的黑白照片。其中既有玉门关小方盘城等历史遗迹的照片，也有大量反映当时中国西北农村、农民生活风貌和农业生产景象的照片，包括建筑、服装、耕作场景等。从照片拍摄地点之分散、内容主题之广可以推断，斯坦因并不仅仅是为了莫高窟藏经洞中的经卷文书而来，他还在有意识地探索、体察这块陌生的土地，以及土地上正在发生的和历史上曾经发生过的故事。

　　我努力地去尝试理解，究竟是什么样的动机促使一个欧洲人冒着渴死、饿死、失踪或者被打死的危险，穿越大陆，克服语言交流障碍，跨越文化的阻隔，不远万里来到这大漠戈壁滩深处。没有机场、没有汽车，只能骑着骆驼或者雇用当地农民的毛驴车；没有宾馆、没有饭店，需要自带十天半个月的干粮；没有正规的入境身份，缺乏基本的法律保护，人身安全随时面临威胁。

　　学术热情当然是一种解释，捷足先登窃取文物、获取财富也可能是一种解释，但是我想，无论出于什么样的动机，其背后都有一种精神在起支撑作用，那就是探索、冒险和创新的热情。

　　斯坦因和伯希和来到敦煌的时间，正好也是欧洲人最早开始成规模地探索、开采和使用石油的时候。在石油经济早期的历史上，也发生了大量类似的故事，例如威廉·诺克斯·达西①（William Knox D'Arcy）的经历。

　　达西是英国的一名业余地质学家和工程师。1901 年，他前

———————————

① 威廉·诺克斯·达西 1849 年出生于英国西南部牛顿修道院，1866 年全家迁往澳大利亚。所以也有人认为他是澳大利亚人。

往波斯王国游历和探险。游历探险的过程也是考察异域、发掘机会的过程,他成功地说服了波斯国王授予他一项王室特许权。按照这项特许权,在接下来60年的时间里,达西可以不受限制地在波斯土地上勘探开采石油。作为交换,达西为此向波斯国王支付了2万美元报酬,并承诺在今后的石油销售收入中波斯国王可以按照16%的比例分成。

1909年,在这份特许权合约的基础上成立了"盎格鲁-波斯石油公司"(Anglo Persian Oil Company)。"盎格鲁-波斯石油公司"就是日后大名鼎鼎的国际石油巨头"英国石油公司"的前身①。而英国石油公司直到100多年之后仍然是世界上最大、最有影响力的石油企业之一。2016年,这家公司在《财富》"世界500强"榜单中名列第10。

斯坦因和达西的故事与哥伦布航海发现新大陆的故事,与牛顿和达尔文探索物理或生物世界奥秘的故事,与欧洲殖民者奔赴世界各地开拓殖民地的故事,与阿蒙森和斯科特探险南极的故事,有着一脉相承的联系。这些故事的主角中,有海盗、探险家、传教士、商人、外交官,也有科学家、工程师、贵族、毕业于牛津剑桥的社会精英,但是如果抛开身份尊卑和道德褒贬不论,这些人身上都有一种精神,一种探索、冒险和创新的精神。

由于主题界定的关系,本书没有大量涉及石油经济早期的历史,但我想有必要在结尾部分将此特别点出来。因为这种探索、冒险和创新的精神是百年石油经济史的一部分,研究这种精神、学习这种精神、发扬这种精神,是百年石油经济史带给

---

① 1935年,"盎格鲁-波斯石油公司"改名为"英伊石油公司",1954年改为现在的名字"英国石油公司"。

我们最宝贵的启示之一。实际上，直到如今，这种探索和开拓的精神仍然应当是石油行业最宝贵的财富之一。中国的科学家、工程人员和企业家仍然需要在这种精神的鼓舞下深入戈壁、扬帆大海，与商业风险甚至生命风险为伴，在非洲或中东等异国他乡进行跨文化合作。

敦煌曾经是古代丝绸之路上的商贸重镇，是古代中国经贸开放时期的一个典型标志，也曾经长期是开放经济的受益者。敦煌辉煌的历史同样也受益于探索、冒险和创新的精神。来自不同国家、不同民族、不同文化的商人，不远万里背负行囊、人挑畜驮，不畏艰险跋涉于大漠戈壁，才有了敦煌古城的繁荣，才有了丝绸、茶叶、瓷器、香料以及文化、宗教在东西方之间的交流互惠。

中国曾经是一个贫油的国家。在1949年新中国成立之后，为了摆脱"贫油的帽子"，早期的石油工人也曾怀着探索和不畏艰险的热情，在严寒之地、戈壁深处探寻石油宝藏，推动新中国早期的工业化建设。

在过去近40年改革开放的历程中，中国人民和中国经济同样也是依靠探索和创新精神，摸着石头过河，不断冲破制度藩篱，逐步实现了由计划经济向市场经济的转轨和由封闭市场向大国开放经济体的过渡，实现了长期持续稳定的高速经济增长，同时也孕育了一批具有国际竞争力的企业。未来，中国经济的长期可持续发展仍然依赖深化改革和技术创新，依赖中国人和中国企业在全球范围内探索、冒险和创新，有效配置国内和国外两种资源，开拓国内和国外两个市场。

同样的逻辑也适用于那些陷入"资源诅咒"的石油资源国。正如本书前文曾多次强调的那样，"资源诅咒"的本质是"产业单一诅咒"。而"产业单一诅咒"的背后总潜藏着一种被动享用资源、不思进取的心理。这种心理不仅会让国民福利在极冷极热的经济周期中被损耗，让这些国家或地区在面临外部冲击时变得很脆弱，而且最终必然导致坐吃山空。迪拜的成功正在于其摆脱了这种心理，转而以探索和创新的精神实现了产业多元化，摆脱了"产业单一诅咒"。

对于未来的中国与世界经济而言，这种探索、冒险和创新的精神与石油资源一样，都是无比宝贵的财富。某种程度上，这种精神甚至比石油资源本身更为宝贵。缺乏石油，一个民族、一个国家总还是有可能找到出路，实现崛起和复兴的，没有了石油，人类总还是能找到替代能源或其他解决之道，但是如果没有这种探索、冒险和创新的精神，那么前行的道路必将黯然无光。换个角度来看，石油终归会有用完的一天，而这种探索、冒险和创新的精神，才是中国和世界经济发展可以长期依靠的原动力。未来的国际竞争，从根上说，将是人与人之间、企业与企业之间、国家与国家之间探索和创新的竞争。

中国与世界经济之未来：石油之眼

　　时下，中国经济正处在一个非常特殊的时期。最高经济政策决策者曾用"三期叠加"来凝练地刻画当前中国经济的阶段性特征——"增长速度换档期""结构调整阵痛期""前期刺激政策消化期"。在"三期叠加"的背景下，中国经济面临较大的下行压力。实际 GDP 增速从 14% 降到了 7% 左右。工业领域面临较为严峻的通缩形势，PPI 指数连续 4 年负增长，这在改革开放以来是没有出现过的。

　　与中国经济一样，世界经济也正处在深刻的变革期。时隔 8年，世界经济仍然未能走出 2008 年全球金融危机的阴影。在金融危机爆发之前，全球经济的增长速度曾一度超过 5%，而 2015 年全球经济增速仅为 3.09%。根据国际货币基金组织（IMF）的预测，未来 5 年全球经济平均增速将在 3.6% 上下[1]（见图 4.3）。美国经济的复苏态势初步稳固，欧元区和日本经济仍在低迷之中（见图 4.4）。新兴市场国家经济面临较大的不确定性，印度是为数不多的亮点之一。旧的"资源国 - 生产国 - 消费国"格局已让位于新的"双核 + 五板块"格局。

---

　　① 详见：IMF 最新一期 WEO 报告，*World Economic Outlook：Too Slow for Too Long*，April 2016。

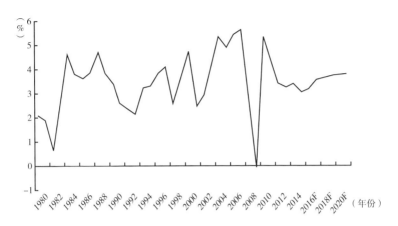

图 4.3　世界经济增速

注：2016 年之后为预测数字。

资料来源：IMF World Economic Outlook Databases。

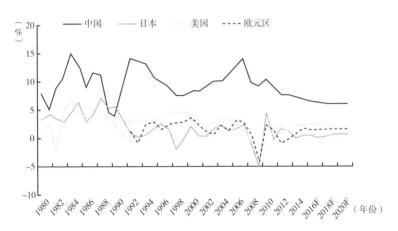

图 4.4　主要经济体经济增速：美国、中国、欧元区、日本

注：2016 年之后为预测数字。

资料来源：IMF World Economic Outlook Databases。

货币政策"大宽松"是当前世界经济的一个显著特点。而且这种宽松的货币金融环境是全球性的，从美国、欧洲、日本等发达国家，到中国等发展中国家，都表现出了这一特点。从传统的扩张性货币政策到量化宽松，再到负利率，货币政策正在走向"未知之域"。尽管效果受到怀疑，但主要国家的政策制定者似乎没有更好的办法，财政政策空间逼仄，结构性改革政治阻力重重，唯有货币政策能用。所以即便明知是绣花枕头，也不得不拿出来挥舞一番。

但确定的是，"大宽松"的货币政策将为未来埋藏下风险的种子，意味着未来更剧烈的资产价格波动。2013 年 12 月，美联储决定从 2014 年起缩减债券购买规模，标志着美国在为应对金融危机实行了若干轮量化宽松之后，货币政策将逐步恢复常态。2015 年末和 2016 年末，美联储分别实施了两次加息，根据议息会议的预计，2017 年可能还会有 3 次加息。而主要经济体宏观政策的分化将给世界经济带来更大的不确定性。始于2014 年 6 月的新一轮石油价格暴跌就是在这样的全球经济背景下发生的。

美国的次贷危机和欧元区的债务危机通常被认为是世界经济形势发生变化的标志性事件。但这两个事件本身对国际石油价格的影响比较有限，而且是暂时性的。危机爆发之后，石油价格在突发事件的冲击下迅速下跌，但很快又恢复到高位。

与之形成鲜明对比的是，2014 年 6 月之后国际石油价格的下跌尽管不是由某个标志性事件造成的，但其背后的推动力要深刻得多。于是，2014 年 6 月之后的油价暴跌持续的时间也更长。尽管在 2015 年和 2016 年也出现了几次幅度可观的回调，但并不是趋势性的。这一轮国际石油价格的下跌及其之后持续性的低迷在一定程度上也意味着危机之后各国政府一系列经济刺激政策宣告失效。整体而言，石油价格仍然处在低位均衡。在全球经济找到新的增长动力并开始稳定复苏之前，这一情况不会发生根本改变。

石油市场新格局

石油行业自身也在发生变化，正在塑造新的格局。石油行业具有明显的周期性，而且波动幅度比一般意义上的经济周期更大。在21世纪第一个10年里，石油价格的持续攀升催生了石油行业的高投资，大量资金流向石油行业，油气公司和产油国纷纷加大勘探开发和投资力度，使得产能扩张在2010年和2014年出现了两个高峰。尽管接下来全球经济增速已经持续放缓，但前几年的投资已形成了生产能力，产能过剩的问题越来越凸显，并最终体现为2014年以来的油价暴跌。从某种意义上讲，石油行业当前也正处于"前期高投资的消化期"。

除了周期性因素之外，石油行业还在经历一个特殊的行业背景，即新兴油气资源开采技术的成熟运用，或者说所谓的"页岩油气革命"。"页岩油气革命"在边际上显著增加了全球石油供给。2007年，美国的致密油产量仅为40万桶/天，到2014年这一数字已超过420万桶/天①，7年间上升了近10倍。虽然页岩油（或者更广义的致密油）目前的产量只占全球原油供给很小一部分，但其给石油行业带来的潜在影响不容忽视。"页岩油气革命"在长期可能会从根本上改变石油行业传统的供需格局和供给结构。

---

① 资料来源：EIA，http：//www.eia.gov/tools/faqs/faq.cfm？id=847&t=6。

　　在周期性因素和结构性因素的共同作用下，石油行业正在发生深刻的格局性变化，集中地体现在如下三方面：一是供给需求关系从供不应求到产能相对过剩；二是美国这一曾经最重要的国际买方正在实现自给自足；三是 OPEC 卡特尔趋向松散。总量上的供需关系的格局性变化意味着实际石油价格在未来较长时期处于低位均衡，尽管宽松的货币环境可能导致名义价格上扬。

　　关注总量变化的同时，结构上的格局性变化也同样值得重视。需求方面，从长期趋势来看，美国的石油消费量在 2005 年达到峰值，现在每年的消费量比峰值减少了 8000 万吨（见图 4.5）。欧盟也于 10 年前达到了石油消费峰值，日本石油消费峰值出现的时间则要更早。这些主要发达国家的石油消费量都已呈现明显的下降趋势。一方面，石油消费量的下降归功于石油

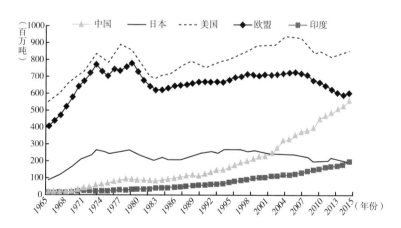

图 4.5　主要经济体石油消费量（1965～2015 年）

资料来源：*BP Statistical Review of World Energy 2016*。

燃烧利用效率的提升——有专业研究显示，在美国，平均而言每加仑汽油可支持的公里数比 10 年前提高了 20%；另一方面，石油消费量的下降也与环保监管标准提高、新能源使用普及有关。另外，经济增速的整体放缓以及人口老龄化等因素也促成了石油消费总量的减少，尤其是对于日本经济而言。根据 BP的测算，到 2035 年，欧盟的石油消费量将下降到 20 世纪 60 年代末的水平①。

而与此同时，在世界的东方，中国和印度这两个新兴市场国家的代表对石油的需求正在与日俱增。尽管相对于中国而言，印度市场仍比较小，目前每年的消费量大约为中国的 1/3，但在全球范围内来看，已是第二大增量市场，而且未来会越来越重要，不容忽视。

对石油出口国而言，"消费－产出缺口"更有指示意义。这一指标对应净进口量，是石油出口国真正关心的指标。美国曾是世界上毫无争议的第一大石油进口国。但是 2005 年以来，美国石油"消费－产出缺口"迅速收缩趋势可谓惊人，2015 年已经下降到 2.84 亿吨，不足 2005 年峰值的一半（见图 4.6）。需求和供给两方面因素同时促成了"消费－产出缺口"的快速收缩——过去 10 年间，美国的石油消费量减少了 9.25%，而生产量增加了 83.59%。特别是在 2011～2015 年，美国石油产量年均增速超过 13%，几乎贡献了全球石油供给增量的 2/3。预计美国将在下一个 10 年内实现石油自给自足。欧盟和日本的"消费－产出缺口"也呈缩小趋势。

而在中国和印度，石油需求的增加量远远快于国内产量的

---

① 详见：Spencer Dale，New Economics of Oil，Society of Business Economists Annual Conference，London，13 October 2015。

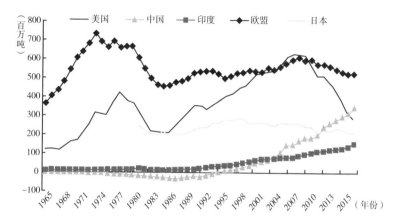

图 4.6 主要经济体石油"消费 - 产出缺口"（1965 ~ 2015 年）

注：日本的数据为年进口量，其他 4 个经济体的数据为各年消费量减去产出所得的缺口。

资料来源：*BP Statistical Review of World Energy 2016*。

增加量。中国每年的石油"消费 - 产出缺口"达到 3.45 亿吨，已经超过美国成为第一大石油进口国；印度每年的石油"消费 - 产出缺口"为 1.54 亿吨，也很快会超过日本。中国的石油对外依存度目前为 60%，印度为 79%，未来这两个数字会继续攀升，预计 10 年之后将分别攀升至 70% 和 90%。

上述分析意味着，全球石油行业的贸易格局已经发生深刻的结构性变化，而且这一变化未来还将继续发展。

20 世纪 70 年代石油危机之后，美国的中东战略很大程度上是围绕石油展开的，而如果美国基本实现石油自给自足甚至成为石油出口国，那么原有的国际贸易格局势必将被打破，卖家需要搜寻匹配新的买家，美国的中东外交政策也势必会发生转向。同时，美国的经常项目赤字会因石油实现自给自足而改善。在假设其他条件不变的情况下，经常项目的改善对于美元币值也将形成向上支持。

美国对外净石油需求的减少对于中国而言当然是一件好事，事实上，在过去两年间，包括沙特阿拉伯和俄罗斯在内的主要石油生产国都在积极主动地争取中国市场，希望中国更多地从自己这里购买石油。

但是也不应忽略故事的另外一面：美国中东外交政策的转向势必会影响中东地区地缘政治格局。摆在中国外交战略决策者面前的问题已非常迫切。随着石油实现自给自足，美国将如何调整其中东政策？如果美国撤出，该地区是否会出现权力真空，进而引发混乱？沙特阿拉伯、伊朗、埃及、以色列等地区大国关系会缓和还是恶化？"IS组织"在叙利亚和伊拉克的势力会进一步扩张还是走向式微？中东地区是否存在政变或者爆发战争的可能性？如果发生战乱，对石油生产和石油运输的冲击有多大？中国应当采取何种外交策略，是积极作为还是置身事外？等等。这些问题目前看来都没有明确的答案，未来也可能存在较大变数。但正因如此，中国的外交战略决策者更应未雨绸缪、深入分析、研究应对。

美国实现石油自给自足还有一个直接结果是造成"石油－美元循环"收缩。而"石油－美元循环"的收缩又会对全球金融市场形成负面冲击。

再来看供给端。从国家层面而言，世界石油市场曾经被认为是"双层寡头市场"，OPEC被认为是典型的卡特尔组织。但是卡特尔内部显然并非铁板一块，尤其是在油价低迷时期，成员国之间的分歧更加凸显，利益更难协调，OPEC的市场势力会大大减弱。沙特阿拉伯主导的OPEC"挤出战略"尽管是无奈之下的理性选择，但注定是难以长期有效的。特别是在伊朗核谈取得实质性进展之后，伊朗和沙特阿拉伯这两个传统大国之间的矛盾将会使得 OPEC 内部的协调更为困难。在极端情况下，不排除 OPEC 名存实亡甚至出现分裂的可能。

总而言之，作为一个对外依赖度高达 60% 的石油进口大国和联合国常任理事国，中国必须对世界石油行业的格局性变化保持高度关注，及早研判，做出预案。

中国应务实推进石油行业的对外合作

石油供应安全是国家核心利益。未来，中国随着经济体量的进一步扩大，石油对外依存度还将继续上升。这意味着，中国必须以务实的态度，在战略和具体操作层面积极进取、有所作为。

进出口贸易只是国际经贸合作的最初级阶段。除了加强贸易沟通、确保进口来源稳定之外，中国还应当积极地推进石油天然气领域的金融合作。通过对外直接投资和间接投资，以购买油气田、参股其他石油企业、加强海洋石油勘探、建设跨境油气运输管道等方式，在源头上夯实石油供应链安全。国际上"一带一路"的合作倡议，以及中阿合作论坛、亚信峰会、亚洲基础设施投资银行、丝路基金等措施都是有益的具体制度安排，但还远远不够。

美国石油对外依存度的降低为中国腾挪出了空间。国际石油贸易格局势必出现调整，中国作为石油买家的地位将更为重要，与沙特阿拉伯、俄罗斯等其他产油国之间回旋的余地更大了。中国应当利用好这一有利的时间窗口，主动加强与各个产油国的沟通和经贸往来。特别是在当前 OPEC 外部竞争环境恶化、内部协调机制出现困难的情况下，中国作为国际市场上最大的买方，与 OPEC 之间建立正式或非正式的对话沟通机制，对于双方都会产生福利改进，而且有助于共同维护国际石油市场的稳定和可持续发展。考虑到各种现实约束，循序渐进的模式或许更为可取，第一步是成为 OPEC 的观察员国，或者建立类似"OPEC + 1"的机制促进双方合作。

同时，借助世界石油市场格局转换的有利契机，中国应当务实、有力地推进人民币在国际石油贸易中作为计价和结算货币。在中俄石油贸易中尝试使用人民币以及即将推出上海期货交易所原油期货等都是必要的尝试。同时还必须认识到，推广人民币的石油定价权是一项系统性工程，与资本项目开放、人民币国际化密切相关。现在最大的障碍在于建立顺畅的"石油 – 人民币循环"机制——如果缺乏足够的可供国际投资者投资的高质量、高流动性的以人民币计价的金融资产，那么人民币在石油贸易中的使用也会因此受到限制，使得"石油 – 人民币循环"难以形成规模。总之，必须站在人民币国际化全局的高度来通盘考虑石油定价权问题，通过金融市场建设、国际产能合作、对外直接投资等措施多管齐下，系统性推进。

参考文献

[1] 陈永伟、胡伟民：《价格扭曲、要素错配和效率损失：理论和应用》，《经济学（季刊）》2011年第4期。

[2] 冯明：《产能周期、页岩油气革命与国际石油价格走势》，《清华金融评论》2016年第3期。

[3] 冯连勇、赵林、赵庆飞、王志明：《石油峰值理论及世界石油峰值预测》，《石油学报》2006年第5期。

[4] 冯煦明：《何谓"大国"？》，澎湃新闻网，2016年9月1日，http://www.thepaper.cn/newsDetail_forward_1522745。

[5] 国际能源署：《能源统计手册》，2007。

[6] 郝鸿毅、胡燕、冯连勇、赵林：《石油峰值的真相与谎言——国际大石油公司面对峰值的态度与行为》，《国外社会科学》2008年第5期。

[7] 李稻葵、冯明、厉克奥博：《人民币国际化的战略选择及其对推动中德经济关系发展的启示》，清华大学中国与世界经济研究中心工作论文，2014。

[8] 林伯强、牟敦国：《能源价格对宏观经济的影响——基于可计算一般均衡（CGE）的分析》，《经济研究》2008年第11期。

[9] 林伯强、王锋：《能源价格上涨对中国一般价格水平的影

响》，《经济研究》2009 年第 12 期。

［10］〔美〕帕拉格·康纳：《超级版图：全球供应链、超级城市与新商业文明的崛起》，中信出版社，2016。

［11］潘慧峰、吕文栋、石智超：《重大供给冲击对石油市场的影响分析》，《管理科学》2012 年第 4 期。

［12］潘庆中、李稻葵、冯明：《"新开发银行"新在何处——金砖国家开发银行成立的背景、意义与挑战》，《国际经济评论》2015 年第 2 期。

［13］钱浩祺、吴力波、汤维祺：《成本效应与需求效应——原油价格冲击的行业传导机制研究》，《世界经济文汇》2014 年第 3 期。

［14］任泽平：《能源价格波动对中国物价水平的潜在与实际影响》，《经济研究》2012 年第 8 期。

［15］任泽平、潘文卿、刘起运：《原油价格波动对中国物价的影响——基于投入产出价格模型》，《统计研究》2007 年第 11 期。

［16］史丹：《我国当前油价机制的效果、缺陷及完善措施》，《中国工业经济》2003 年第 9 期。

［17］王彬、李成、马文涛：《国际石油价格与通货膨胀的溢出效应及动态相关性》，《财经研究》2010 年第 4 期。

［18］王继源、陈璋、陈光：《国际石油价格下跌对我国输入性通缩的影响分析——基于投入产出价格影响模型》，《中国物价》2015 年第 7 期。

［19］王琳琳：《当石油峰值来临——访中国石油峰值研究小组秘书长冯连勇教授》，《中国石油石化》2009 年第 15 期。

［20］王思聪、冯连勇、赵林、赵庆飞：《石油峰值问题及油气田生命周期理论研究——中外石油专家石油峰值理论要

论评析》，《石油科技论坛》2006 年第 2 期。

[21] 〔美〕威廉·恩道尔：《石油战争》，赵刚、旷野、戴健等译，中国出版集团、中国民主法治出版社，2016。

[22] 魏涛远：《世界油价上涨对我国经济的影响分析》，《数量经济技术经济研究》2002 年第 5 期。

[23] 翁文波：《预测论基础》，石油工业出版社，1984。

[24] 伍戈：《对中国通货膨胀的实证研究——从一般到特殊的建模方法》，《数量经济技术经济研究》2011 年第 6 期。

[25] 吴振信、薛冰、王书平：《基于 VAR 模型的油价波动对我国经济影响分析》，《中国管理科学》2011 年第 1 期。

[26] 于渤、迟春洁、苏国福：《石油价格对国民经济影响测度模型》，《数量经济技术经济研究》2002 年第 5 期。

[27] 余淼杰：《中国的贸易自由化与制造业企业生产率》，《经济研究》2010 年第 12 期。

[28] 张斌、徐建炜：《石油价格冲击与中国的宏观经济：机制、影响与对策》，《管理世界》2010 年第 11 期。

[29] 张维迎：《市场的逻辑（增订版）》，世纪出版社、上海人民出版社，2010。

[30] 中国经济增长与宏观稳定课题组：《外部冲击与中国的通货膨胀》，《经济研究》2008 年第 5 期。

[31] Barsky R. B., Kilian L., "Do We Really Know that Oil Caused the Great Stagflation? A Monetary Alternative", Nber Working Papers, 2001, 16.

[32] Baumeister C., Kilian L., "Do Oil Price Increases Cause Higher Food Prices?", *Economic Policy*, 2014, 29 (80).

[33] Blanchard O. J., Galí J., "The Macroeconomic Effects of Oil Shocks: Why are the 2000s so Different from the 1970s?",

Ssrn Electronic Journal, 2008.

[34] Blanchard O. J. , Riggi M. , "Why Are the 2000s So Different From the 1970s? A Structural Interpretation Of Changes In The Macroeconomic Effects Of Oil Prices", *Journal of the European Economic Association*, 2009, 11 (5).

[35] BP p. l. c. , *BP 2035 World Energy Outlook*, London, United Kingdom, January 2014.

[36] BP p. l. c. , *BP Statistical Review of World Energy* 2015.

[37] Campbell Collin, "The End of Cheap Oil", *Scientific American*, 1998, 278 (3).

[38] De Gregorio J. , Landerretche O. , Neilson C. , "Another Pass-Through Bites the Dust?", Oil Prices and Inflation. Documentos De Trabajo, 2007, 50 (2).

[39] Hamilton J. D. , "Nonlinearities and the Macroeconomic Effects of Oil Prices", *Macroeconomic Dynamics*, 2010, 15 (16186).

[40] Hamilton J. D. , "Oil and the macroeconomy since World War II", *Journal of Political Economy*, 1983, 91 (2).

[41] Herrera A. M. , Pesavento E. , "Oil Price Shocks, Systematic Monetary Policy, and the Great Moderation", *Macroeconomic Dynamics*, 2009, 13 (1).

[42] Hooker M. A. , "Are Oil Shocks Inflationary?: Asymmetric and Nonlinear Specifications versus Changes in Regime", *Journal of Money Credit & Banking*, 2010, 34 (2).

[43] Hubbert M. K. , "Energy from fossi l fuels", *Science*, 1949, 109 (2823).

[44] Kilian L. , "Not All Oil Price Shocks Are Alike: Disentangling

Demand and Supply Shocks in the Crude Oil Market ",
American Economic Review, 2006, 99 (3).

[45] Leblanc M. , Chinn M. D. , "Do High Oil Prices Presage
Inflation?", The Evidence from G − 5 Countries, *Business
Economics*, 2004, 39 (28346).

[46] Maugeri Leonardo, "Oil: never cry wolf-why the petroleum
age is far from over", *Science*, 2004, 304 (5674).

[47] Shiu-Sheng Chen, "Oil price pass-through into inflation",
Energy Economics, 2009, 31 (1).

[48] Spencer Dale, *New Economics of Oil*, Society of Business
Economists Annual Conference, London, 13 October 2015.

缩略词表

AQAP	阿拉伯半岛基地组织
ASPO	石油峰值研究协会
BP	英国石油公司
Brent	布伦特原油
CPI	消费者物价指数
EIA	美国能源信息署
EU	欧盟
G20	二十国集团
GDP	国内生产总值
IEA	国际能源机构
IMF	国际货币基金组织
IPO	首次公开募股
ISIS/IS	伊斯兰国
M&A	兼并收购
NGL	天然气凝液
NYMEX	纽约商品交易所
OECD	经济合作发展组织
OPEC	石油输出国组织
PPI	生产者物价指数

QE	量化宽松
Saudi Aramco	沙特阿美石油公司
SWFI	主权财富基金研究所
USGS	美国联邦地质调查局
VLCC	超大型油轮
WB	世界银行
WTI	西德克萨斯轻质原油
WTO	世界贸易组织

后　记

从 2014 年 6 月开始，国际石油市场经历了大幅震荡，Brent 原油价格从 115 美元/桶跌倒 26 美元/桶。但是，石油市场的暴跌并非孤立的，而是全球经济格局大调整的一部分。

打个比方来说，如果把全球经济比作一个人的肌体的话，那么石油就如同血液，石油市场就像血液循环系统。如果体检发现血液流通不畅或者血压偏低，就有两种可能：一种是血液循环系统（石油市场）本身出问题了；另一种是整个肌体的机能（全球经济系统）出问题了。过去几年全球经济出现的问题应属后者，它在 2014 年下半年之后集中地体现在石油等大宗商品市场和价格上。

本书的目的就是引领读者从石油价格变动和国际石油市场变迁的角度来观察中国与世界经济。换句话说，尽管本书以石油市场作为切入点，但研究的初衷和目的不限于此，而在于通过石油市场和石油价格的变动来理解中国与世界经济的新格局。

在此有必要交代的是，书中的文章大致可以划分为两类：一类是过去两三年围绕国际石油市场和宏观经济撰写的一系列分析评论性文章；另一类是对世界石油市场背景知识和基础资料的整理介绍。后者是理解前者所必需的知识信息，前者是在后者基础上的分析延展。

　　本书的写作和出版过程得益于多位老师、同事和好友的帮助和支持。特别要感谢的是社会科学文献出版社的恽薇女士、许秀江先生和陈欣女士，他们在编辑审校出版过程中付出了大量心血。特别是陈欣女士，正因为她专业细致的工作，本书才得以最终呈现在读者面前。

　　中国社会科学院财经战略研究院的多位领导和同事在本书的研究写作和最终出版过程中提供了无私的帮助，如高培勇院长、夏杰长副院长、钟春平教授、汪红驹研究员、李雪慧博士、杨志勇研究员、张斌研究员、田侃老师、张方波老师等，虽然在这里无法悉数列举，但感激之情是一致满怀的。清华大学中国与世界经济研究中心（CCWE）开放包容的学术环境以及同事之间的帮助和鼓励是我重要的"加油站"。书中的一些思考结论就来自 CCWE 学术例会上的讨论或同事间茶余饭后的闲聊。感谢 CCWE 的潘庆中老师、杨学军老师、王红领老师、袁钢明老师、陈家易老师、厉克奥博博士及王晓原、王晨、程浩、伏霖、徐翔、石锦建、吴舒钰、金星晔、陈大鹏、胡思佳、张驰等多位老师和同仁。

　　书中的一部分内容此前曾发表在《人民日报》、《中国能源报》、《东方早报·上海经济评论》、《清华金融评论》、新浪财经、FT 中文网、中国经济网、澎湃新闻、华尔街见闻等平台。为此，郑景昕、冯涛、王元平、贾韵航、马常燕、孙世选、陈旸、田春玲、吴英燕等编辑老师付出了智慧和辛劳，借此机会一并致谢。撰写和整理工作前后持续了近三年，在此过程中，杨赫、李扬帆、张林军、唐薇、陈一宁、蒋宇寰以及小妹冯丹等多位亲友曾先后阅读了部分或全部书稿，并提出了宝贵的批评意见。他们的反馈和鼓励是我坚持研究写作的一大动力源泉。

　　最后，我要特别感谢李稻葵老师和彭文生老师百忙之中拨冗为本书题写序言。李稻葵老师是我的博士生导师，是指引我走上经济学研究之路的向导。老师在我毕业之后仍常常关照我的学术研究和事业发展，提供了大量的指导和帮助。老师对我影响最大的莫过于他温文尔雅、谦和大度的处世态度和对复杂现象抽丝剥茧、洞察本质的能力。虽不能至，心向往之。书中使用的一些研究方法和观察视角就得益于李老师的言传身教。

尤其要感谢的是彭文生老师。彭老师是宏观经济研究领域的翘楚，也是我非常敬仰的前辈。他有学院派经济学家的深厚理论功底，对经济实践和市场动向跟踪多年、了如指掌。我在求学期间就常常将他的研究报告置于案头学习和钻研，受益匪浅。彭老师在紧张的工作之余，专门抽出时间撰写推荐序，着实让本书增色不少。

石油行业是一个极为复杂的行业，产业链条长、利益相关方多、牵涉面广，因而讨论石油市场和石油经济涉及的知识背景也颇为广泛。囿于才疏学浅，加上精力有限，书中难免有疏漏或错误之处，恭请方家不吝批评指正。

后记写到这里本该停笔了，但想到前几天在玉门老君庙油田调研参访的情景，不禁感怀万千，想多说几句。

老君庙油田建设投产于战火纷飞的抗战时期，是中国石油工业的摇篮，先后创造了中国石油工业史上 57 个"第一"。我常常想，中国的石油工业和西方发达国家的石油工业有截然不同的历史渊源和成长历程，直到现在，两者仍然有很多不同之处。不仅如此，中国近代工业化和现代化的渊源和历程也与西方发达国家显著不同，时至今日，中国经济与欧美经济仍有很多不同之处——这是我在写作本书过程中反复思考的问题。我在分析石油市场、研究宏观经济过程中常常提醒自己要时刻将这一点放在心上。

　　离开老君庙油田之后，我还到赤金镇和平村参观了"铁人"王进喜纪念馆。这位中国近现代史上的传奇人物，15 岁到玉门油矿当童工，新中国成立之后先后在玉门油田和大庆油田当钻井工人。凭着"有条件上，没有条件创造条件也要上"的吃苦耐劳、拼搏奋进的精神，"铁人"和他的团队屡创佳绩。"铁人"跳进泥浆池里用身体搅拌泥浆并制服井喷的画面也从此定格为中国近现代史上传播最广、最能触动人心的影像之一。那天，我站在纪念馆"铁人"王进喜的铜像前面，伫立良久，思绪不绝。我想，"铁人"精神并没有过时。当前，不论是中国的石油工业，还是中国经济整体的转型升级，都需要继续大力发扬"铁人"精神。

2016 年 12 月 12 日

图书在版编目（CIP）数据

石油之眼：洞察中国与世界经济新格局 / 冯煦明著
. – – 北京：社会科学文献出版社，2017.2（2020.6 重印）
ISBN 978 – 7 – 5201 – 0096 – 0

Ⅰ.①石…　Ⅱ.①冯…　Ⅲ.①石油经济 – 研究 – 世界
Ⅳ.①F416.22

中国版本图书馆 CIP 数据核字（2016）第 295029 号

石油之眼
——洞察中国与世界经济新格局

著　　者 / 冯煦明

出 版 人 / 谢寿光
项目统筹 / 恽　薇　许秀江
责任编辑 / 陈　欣

出　　版 / 社会科学文献出版社·经济与管理分社（010）59367226
　　　　　地址：北京市北三环中路甲 29 号院华龙大厦　邮编：100029
　　　　　网址：www. ssap. com. cn
发　　行 / 市场营销中心（010）59367081　59367083
印　　装 / 三河市东方印刷有限公司

规　　格 / 开　本：880mm × 1230mm　1/32
　　　　　印　张：9.25　字　数：215 千字
版　　次 / 2017 年 2 月第 1 版　2020 年 6 月第 2 次印刷
书　　号 / ISBN 978 – 7 – 5201 – 0096 – 0
定　　价 / 59.00 元